# Auguste Bouché-Leclercq

# La science des rêves dans l'antiquité

# INTRODUCTION

La science divinatoire repose sur l'interprétation de signes extérieurs dont le sens a été fixé soit par une révélation primitive, soit par l'expérience. L'âme humaine ne connaît la pensée divine que par le moyen de symboles : la lumière d'en haut ne lui arrive que réfléchie par des intermédiaires, toujours affaiblie, souvent dénaturée par l'inertie ou l'activité propre des milieux qu'elle traverse. Aux erreurs qui peuvent résulter de l'imperfection des instruments dont se servent les dieux s'ajoutent les méprises de l'intelligence mal éclairée par une lueur douteuse et obligée de discerner, en présence des phénomènes conformes aux lois naturelles, la part de l'intention surnaturelle qui s'y ajoute. Les prodiges qui accusent nettement cette intention ne sont pas le langage ordinaire des dieux ; le plus souvent, la pensée divine se cache dans des incidents vulgaires qui peuvent s'expliquer sans elle et le devin a besoin, pour l'y découvrir, de l'analyse la plus pénétrante. Il arrive ainsi que l'on est exposé non seulement à se tromper dans le travail si compliqué de l'interprétation, mais à méconnaître la nature des phénomènes observés, à prendre pour signe ce qui n'en est pas et, réciproquement, à considérer comme un fait sans valeur un signe véritable.

En résumé, les inconvénients de la méthode inductive sont, d'une part, la difficulté de constater l'existence des signes, toutes les fois que ces signes ne sont pas des prodiges, et d'autre part, la difficulté non moins grande d'en dégager le sens caché sous une forme symbolique [1].

On pouvait facilement concevoir des modes de révélation dans lesquels l'une de ces chances d'erreur, ou même l'une et l'autre, seraient supprimées. Pour obvier aux méprises et aux incertitudes provenant de la confusion entre les signes et les phénomènes naturels, ainsi que de l'altération des signes par des instruments imparfaits, il fallait mettre l'âme directement en rapport avec les dieux, et, pour prévenir les erreurs d'interprétation, il fallait substituer au langage symbolique le langage humain. Tel fut le rôle de la divination intuitive ou subjective.

Considérée dans son rôle historique, cette branche de l'art mantique est plus récente que l'autre ; mais la possibilité d'un contact direct entre l'intelligence humaine et l'intelligence divine a été acceptée de tout temps par les religions, qui reposent elles-mêmes sur une révélation première. La religion des Grecs ne fait pas exception à la règle. Les dieux d'Homère déterminent parfois, non seulement

---

[1] Les difficultés d'interprétation encouragent déjà au scepticisme les héros d'Homère.

4

les actes extérieurs, mais les pensées et les volitions des héros. De même ceux-ci, soit par l'effet d'un don spécial, soit par l'influence mystérieuse qu'exerce sur l'âme l'approche de la mort, peuvent lire, sans le secours des signes, dans la pensée divine. Ainsi, Calchas explique les motifs du courroux d'Apollon sans faire ou, ce qui revient au même, sans invoquer d'observations préalables[2]; Hélénos « comprend dans son cœur » la conversation que tiennent à distance Apollon et Athênê[3]; Télémos, chez les Cyclopes[4], Tirésias, dans l'Hadès[5], prophétisent par inspiration; Théoclymène se sent tout à coup saisi par l'instinct prophétique[6] en dehors de toute interprétation symbolique, et Pénélope paraît bien avoir eu recours à un « confident des dieux » différent des devins ordinaires[7]. Hélène elle-même, qui n'a jamais étudié la mantique et n'a eu jusque-là d'autre faculté spéciale que celle de plaire, prend tout à coup la parole pour expliquer un prodige, « selon ce que les dieux lui suggèrent au cœur[8]. » De même, Patrocle mourant découvre que le coup mortel lui vient d'Apollon[9], et, avant d'expirer, Hector prédit, avec des détails circonstanciés, le trépas de son meurtrier[10]. Il n'y a plus qu'un pas à faire, à éliminer la part de coopération que l'intelligence personnelle du prophète apporte à la révélation intérieure, pour obtenir l'enthousiasme mantique, la « fureur ou folie divine, » qui fait vibrer, sous l'impulsion directe des êtres surnaturels, l'instrument le plus parfait dont ils puissent se servir, l'âme et le corps de l'homme, l'une recevant, l'autre traduisant au dehors, en langage humain, la pensée d'en haut. Ce sera l'œuvre de ces siècles mal connus qui couvrent de leur ombre le berceau des oracles apolliniens et lèguent à l'âge historique les pythies déjà installées sur leur trépied, en face des « chresmologues, » ou prophètes libres, dont les prédictions versifiées volent déjà de bouche en bouche.

Mais la divination intuitive n'avait pas attendu, pour prendre possession du monde hellénique, ce progrès décisif qui la porta du premier coup à sa perfection. Elle existait déjà, à l'état d'ébauche et associée à la divination conjecturale, dès la plus haute antiquité, sous la forme d'oniromancie ou interprétation des songes. L'oniromancie ne supprime pas le langage symbolique, qu'elle interprète et commente par la méthode conjecturale, mais les signes dont elle tient compte

---

[2] Hom. *Iliad.*, I, 94-100.
[3] Hom. *Iliad.*, VII, 44.
[4] Hom. *Odyss.*, IX, 508.
[5] Hom. *Odyss.*, XI, 90-151.
[6] Hom. *Odyss.*, XX, 351-337.
[7] Hom. *Odyss.*, I, 415.
[8] Hom. *Odyss.*, XV, 172.
[9] Hom. *Iliad.*, XVI, 843 sqq.
[10] Hom. *Iliad.*, XXII, 358 sq. Cf. Alberti, *De aegrolorum vaticiniis.* Halle, 1724.

sont produits dans l'âme même que le sommeil livre, assouplie et docile, à l'action des dieux[11].

Le sommeil est déjà l'image de l'enthousiasme ou possession divine ; il produit les mêmes effets ; il enlève à l'âme son initiative, la direction d'elle-même, et ne lui laisse que ses facultés passives. Elle contemple alors, sans pouvoir les distinguer de la réalité, les images symboliques qu'une puissance supérieure fait défiler sous son regard, et son inertie même répond de la fidélité de ses perceptions.

L'oniromancie, qui doit à l'intuition, et non plus à l'observation extérieure, les données sur lesquelles elle établit ses conjectures, a été classée pour cette raison, dans l'antiquité, parmi les procédés de la divination naturelle ou intuitive. En réalité, elle tient le milieu entre les deux grandes méthodes mantiques, car elle participe de l'une et de l'autre et les résume toutes les deux[12].

---

[11] Cic. *Divin.*, I, 2.
[12] Cic. *Divin.*, II, 71.

# CHAPITRE PREMIER :
## DIVINATION PAR LES SONGES OU ONIROMANCIE

S'il est un mode de divination en faveur duquel on puisse invoquer le témoignage du consentement universel, c'est, à coup sûr, l'interprétation des songes ou oniromancie[13]. Il n'est point de peuple et, dans l'antiquité, presque point d'individus qui n'aient cru à une révélation divine par les songes. Les Hébreux même ont accepté pour leur compte la foi générale : l'un des fils de Jacob fait fortune en Égypte pour avoir expliqué un songe du Pharaon, et l'Écriture est remplie d'apparitions et de songes prophétiques.

Il est donc superflu de se demander d'où vint aux Hellènes la croyance aux songes. L'oniromancie est aussi vieille que le monde, et, s'il n'est pas sûr qu'elle doive finir, il est certain qu'elle n'a pas eu de commencement que puisse signaler l'histoire. C'est qu'elle repose sur un fait psychologique et physiologique dont une science avancée peut seule rendre raison, et que l'on expliquait commodément par une cause surnaturelle. L'invincible illusion produite par le rêve, l'impuissance de la volonté, en face des images bizarres et incohérentes qui traversent le champ de l'imagination, semblaient prouver avec la dernière évidence que l'homme n'est pas lui-même l'artisan de cette fantasmagorie qui, cent fois démentie par les constatations du réveil, retrouvent toujours le spectateur aussi crédule dès que le sommeil l'a enlevé à la vie consciente. On ne pouvait admettre que les songes fussent produits par des impressions extérieures, puisqu'ils sont d'ordinaire en contradiction avec la réalité présente ou même avec les lois connues de la nature, et que, d'ailleurs, les sens engourdis paraissent incapables d'ouvrir à ces impressions leur accès accoutumé. Si la cause de phénomènes aussi mystérieux ne se rencontrait ni dans l'âme, ni dans les objets extérieurs, où pouvait-on la chercher, sinon dans ce monde surnaturel où l'esprit humain a toujours trouvé sans peine la solution des problèmes les plus désespérés ? Pris dans son ensemble, le monde antique n'a jamais douté un seul instant que les songes ne fussent suscités dans l'âme par une influence divine[14]. Ce point acquis,

---

[13] Nous adopterons, comme plus conforme à la fois à la prononciation grecque et à la phonétique française, la forme *oniro* — au lieu de *onéiro* — dans tous ces mots composés.

[14] La foi religieuse eût accordé bien davantage : car il n'est pas de religion qui n'admette que, même à l'état de veille, notre imagination, comme notre volonté même, puisse être mise en jeu par des êtres surnaturels.

il restait encore à examiner pour quel motif les dieux jouaient ainsi, devant l'âme enchaînée, des drames qui seraient ridicules s'ils étaient inutiles. La question fut résolue partout de la même manière, c'est-à-dire que, posée en ces termes, elle ne comportait qu'une solution. La divinité, en agissant ainsi, ne pouvait avoir qu'un seul but, parler à l'âme, soit pour lui faire connaître sa volonté, soit pour lui révéler ce qu'elle devait savoir afin de régler ses actes sur les desseins de la Providence. Les songes étaient donc autant de communications surnaturelles, faites en langage symbolique, qui devenaient intelligibles après avoir été interprétées suivant certaines règles.

L'oniromancie comprend, par conséquent, deux opérations successives, l'observation des signes, ou *oniroscopie* proprement dite, et leur interprétation ou *onirocritique*.

La première, bien que soustraite à l'action directe de la volonté, peut cependant être préparée ou facilitée par certains procédés artificiels ; l'autre est toute de convention et constitue une science dont les principes mêmes peuvent être différents, suivant les temps et les pays.

Nous allons étudier l'oniromancie, sous ce double aspect, telle qu'elle nous apparaît dans l'histoire et la littérature des Hellènes.

## § I. — Oniroscopie

La production et l'observation spontanée des songes, étant un fait de nature, est du domaine de la physiologie et de la psychologie ; elle ne peut être l'objet d'une étude historique. Ce que nous avons à noter ici comme appartenant à l'histoire de la divination hellénique, ce sont, d'une part, les idées des Grecs sur la nature et l'origine des songes, de l'autre, les pratiques qu'ils ont considérées comme pouvant modifier la qualité ou provoquer l'éclosion des images symboliques entrevues dans le rêve. Pour Homère, les songes sont des figures aériennes (*eïdôla*) qui prennent toute espèce de formes. Ainsi, celui que Zeus envoie à Agamemnon apparaît au roi des rois sous la figure de Nestor[15]. Des fantômes habitent en foule nombreuse (*dêmos oneïrôv*) au-delà de l'Océan, à la porte des Champs-Élyséens[16], ce qui n'empêche pas chaque divinité d'en fabriquer à nouveau, comme fait Athènè lorsque, pour rassurer Pénélope sur le sort de Télémaque, elle forme un fantôme semblable à Iphthimè, fille du magnanime Icaros[17].

---

[15] Hom. *Iliad.*, II, 5.
[16] Hom. *Odyss.*, XXIV, 42. *Iliad.*, X, 496.
[17] Hom. *Odyss.*, IV, 796. Naegelsbach (*Hom. Theol.*, p. 184) affirme que les songes sont tou-

Il arrive même parfois que les dieux en personne, ou les âmes des morts avant qu'elles soient entrées dans l'Hadès, prennent la place de ces ombres artificielles et formulent directement leurs conseils et leurs désirs. C'est ainsi qu'Athênè apparaît en songe à Nausicaa et à Télémaque [18], et que Patrocle vient demander à Achille de hâter ses funérailles [19]. Dans ces apparitions oniroscopiques, les dieux gardent ou échangent à leur gré contre une autre leur forme naturelle. Athêné parle à Nausicaa sous la figure d'une des compagnes de la princesse, et elle se laisse, au contraire, reconnaître par Télémaque. La religion hellénique invoqua souvent, en faveur de son anthropomorphisme, des visions de ce genre, et put garantir par là la vérité des représentations divines qu'elle offrait à la vénération des croyants. Ainsi, au Ve siècle, le sculpteur Onatas refit la *Démêter noire* des Phigaléens d'après un modèle aperçu en songe [20], et, plus tard, Parrhasius se vantait d'avoir dessiné de la même manière son Héraklès de Lindos [21]. L'apparition des types divins en songe était un argument dont la philosophie atomistique elle-même tint grand compte, et qui parut bon encore à opposer aux chrétiens [22].

Homère ne dit pas d'où vient ce peuple de songes qui attendent, sur l'autre bord de l'Océan, les ordres des dieux ; mais les poètes postérieurs ne pouvaient manquer de combler cette lacune en leur créant une généalogie. Pour Hésiode, les songes sont fils de la Nuit et frères du Sommeil. « Nyx, dit-il, enfanta le cruel Destin et la Kère noire et la Mort ; elle enfanta aussi le Sommeil et engendra la race des Songes [23]. » Cette donnée fut développée par l'imagination facile des mythographes. D'après la légende qu'expose Ovide [24], les songes habitent le palais du Sommeil, leur père, au pays des Cimmériens. Parmi eux, le poète distingue Morphée, qui prend à son gré toutes les formes humaines (*morphê*) ; Ikelos ou Phobêtor, qui revêt toutes les formes animales, et Phantasos, qui copie la nature inanimée. Lucien, décrivant l'île des Songes, située dans l'Océan occidental, la trouve gouvernée par le roi Sommeil ayant pour satrapes Taraxion et Plutoclès, fils de Phantasion [25]. Ainsi, dans le symbolisme naïf de la tradition

---

jours, en fait, fabriqués à nouveau, et que les légendes concernant le séjour des songes et les portes de sortie ne sont que « des vues théoriques ».

[18] Hom. *Odyss.*, VI, 13 ; XV, 10.

[19] Hom. *Iliad.*, XXIII, 65.

[20] Pausan., VIII, 42, 7.

[21] Athen. *Deipnos*, XII, § 62. *Anthol. palat.* Append., 60.

[22] Minuc. Felix, *Octav.*, I.

[23] Hesiod. *Theog.*, 211.

[24] Ovid., *Metam.*, XI, 633 sqq.

[25] Lucien, *Hist. ver.*, II, 32.

hésiodique, les Songes sont ou frères ou enfants du Sommeil, qui est lui-même fils de la Nuit.

Une autre tradition, représentée principalement par Euripide[26], fait des Songes des enfants de Gaea, la Terre, mère commune de tous les êtres, et les représente comme des génies aux ailes noires qui s'envolent la nuit des régions souterraines où ils sont confinés pendant le jour. On disait même que Gaea les envoyait porter ses révélations aux mortels, pour se venger d'Apollon qui avait cru la réduire au silence en prenant sa place à Delphes et en invoquant les sévérités du maître de l'Olympe contre l'oniromancie de Gaea, aussi bien que contre la cléromancie d'Athênê[27]. Dans ce mythe ingénieux se combinent des théories et des faits qui appartiennent à l'histoire de la divination. Gaea, source de toute science comme de toute vie; l'antagonisme symbolique entre les songes nocturnes et Apollon-Soleil, ainsi que l'antagonisme réel entre les oracles apolliniens et les méthodes rivales, tout cela est exprimé d'un trait, avec la concision propre au langage mythique. Les scoliastes ont été assez mal inspirés en étouffant cette légende sous un commentaire destiné à la rapprocher du mythe hésiodique et à montrer que les Songes, engendrés par le Sommeil, sont cependant les fils de la Terre, en ce sens que la terre produit la nourriture, et la nourriture, le sommeil.

Le mysticisme pythagoricien considérait les Songes comme les fils de la Nuit et les messagers de la Lune, de cette Lune qui se glissait dans la grotte de Latmos, près d'Endymion endormi, ou qui recélait l'âme prophétique de la Sibylle. «Il y a, dit un guide d'outre-tombe à Thespésius, un oracle commun à la Nuit et à la Lune; mais cet oracle ne transpire en aucun endroit jusqu'à la Terre. Il n'a pas de siège fixe; il erre en tous lieux parmi les hommes, en rêves et en apparitions. C'est de là que les songes, mêlant l'erreur et la confusion avec le simple et le vrai, se répandent dans tout l'univers[28].»

S'il était intéressant de connaître la nature et, au besoin, l'origine mythique des songes, il importait plus encore de savoir à quelles divinités ils obéissent et de quelle source émanent les messages dont ils sont porteurs.

La tradition, sur ce point, a tenu peu de comptes des systèmes relatifs à la question d'origine. Que les Songes soient fils de la Terre, de la Nuit ou du Sommeil, ils n'en sont pas moins aux ordres du dieu qui détient le pouvoir providentiel, de Zeus. Pour l'auteur de l'*Iliade*, les songes «viennent de Zeus[29];» il est le seul dont la voix les appelle des régions lointaines où bourdonne leur essaim. Les

---

[26]  Euripid., *Hec.*, 70 sqq.
[27]  Euripid., *Iphig. Taur.*, 1264 sqq. Schol. Hom. *Iliad.*, II, 71.
[28]  Plut., *Ser. num. vind.*, 22.
[29]  Hom., *Iliad.*, I, 63.

autres dieux en sont réduits, lorsqu'ils veulent parler aux hommes durant leur sommeil, à se produire eux-mêmes sous la figure qu'il leur plaît, ou à façonner un fantôme analogue aux songes proprement dits. Tout bien considéré, la faculté qui leur est laissée de créer des songes animés d'un semblant d'existence rend singulièrement illusoire le privilège que Zeus s'est réservé.

Ce privilège subsiste pourtant ; seulement, lorsque le progrès des idées religieuses fit de Zeus l'intelligence suprême servie par des volontés subordonnées à la sienne, le grand dieu délégua à son héraut ordinaire, Hermès, le soin de commander au peuple léger des songes. Hermès était tout à fait qualifié pour ce rôle. Que les Songes fussent contenus dans les entrailles de la terre, ou groupés sur le rivage de l'autre monde, ils étaient également dans son empire, soit dans ces cavernes ténébreuses où gisent les métaux précieux dont il est le dispensateur, ou sur le chemin des enfers dont il est le pourvoyeur en titre. N'avait-il pas déjà, dans la mythologie homérique, le pouvoir d'endormir les gens d'un coup de baguette, comme il fit à Argus et aux sentinelles grecques qui auraient pu arrêter le vénérable Priam [30] ? Au pouvoir de faire dormir, il joignit celui de faire rêver ; il amena les songes des lieux où il conduisait les âmes, et ajouta à ses nombreuses fonctions celle de «conducteur de songes.» C'est un titre que lui donne déjà un aède homérique [31] et qu'il conserve à travers toutes les altérations subies par la mythologie gréco-romaine [32].

Mais les doctrines religieuses n'ont jamais eu, en Grèce, assez d'unité pour prévenir les confusions et transferts abusifs des attributs divins. Si Apollon ne semble pas avoir usé volontiers des songes [33], les dieux sous la garantie desquels fonctionnaient des oracles oniromantiques, Pan, Ino, Asklêpios, Héraklès [34], durent être investis du pouvoir de commander aux songes, sans quoi ils n'auraient pu qu'apparaître eux-mêmes à leurs clients. Ici, les faits s'imposaient à la théorie ; ailleurs, on retouchait la théorie au nom de la logique. Ceux qui plaçaient, avec

---

[30] Hom., *Iliad.*, XXIV, 343, 455.

[31] Hymn. Hom., *In Mercur.*, 14.

[32] Hermès est appelé *oneïropompos* (Athen., I, 16, 6) *hupnou prostatès* (*Ibid.*, 1, 13), *hupnodotès* (Eustath. *ad Odyss.*, VII, 438), *Sermonis dator atque somniorum* (Orelli, 1417.) On rencontre des statuettes de Mercure ayant à leurs pieds le symbole du sommeil, le lézard, ou d'autres figures endormies.

[33] Cependant Amphiaraos passait pour avoir appris d'Apollon l'art d'interpréter les songes (Pausan., I, 34, 5) : l'oracle apollinien de Patira était oniromantique, et le célèbre Artémidore déclare qu'il écrit son onirocritique sur l'ordre exprès d'Apollon. On cite des apparitions d'Apollon en songe (Artemid., II. 35. Serv. *Ecl.* VIII, 55. Schol. Nican. *Ther.*, 613.)

[34] On trouve un ex-voto *Herculi somniali* (Orelli, 1552, 2405.). Héraklès apparaissait généralement lui-même, comme il fit à Sophocle. (Cic. *Divin.*, I, 25)

Homère, la demeure des Songes sur l'autre rivage de l'Océan, en faisaient par là même des sujets de Kronos, auquel Zeus avait laissé, comme consolation d'un exil irrévocable, une ombre de royauté dans les Champs-Élyséens. Dès lors, il était naturel d'admettre que les songes étaient envoyés par Kronos. Seulement, il y avait à cela une difficulté ; c'est que le vieux Titan, tenu par Zeus en dehors de notre monde, ne sait rien de ce qui s'y passe et n'a rien à révéler. De là une certaine hésitation dont on trouve la trace dans une légende assez embrouillée et rendue plus obscure encore par le mauvais état du texte.

On y parle de Kronos enchaîné par le sommeil dans une île de l'Océan et mis en rapport avec la pensée de Zeus par des songes que les génies préposés à sa garde traduisent en prophéties[35]. Ces génies révélateurs ne peuvent être que le « peuple des songes, » introduit dans la mythologie par Homère et Hésiode. Kronos présiderait donc, par la grâce de Zeus, à la divination oniromantique, et l'on voit, en effet, son épouse Rhéa enseigner cet art à la femme de Paris, Œnone[36]. Mais, d'autre part, Rhéa, aussi bien que sa fille Démêter, est identique à Gaea qu'on lui donne pour mère, de sorte qu'on en revient, par un chemin détourné, à la tradition adoptée par Euripide, aux Songes enfantés par Gaea pour servir d'organes à une révélation distincte de la mantique apollinienne.

Le fait historique qui se dégage de toutes ces légendes est que la divination oniromantique était considérée comme datant de l'âge le plus reculé[37], et qu'elle ne s'est laissé ni absorber ni discréditer par l'art plus solennel dont le sacerdoce d'Apollon voulait avoir le monopole.

Si spontanés que soient les songes et si indépendants qu'ils paraissent être de notre volonté, l'expérience fit reconnaître qu'ils subissaient, dans une certaine mesure, l'influence des préoccupations de l'esprit ou des dispositions du corps. En suivant cette idée, les Hellènes seraient arrivés à éliminer du rêve le surnaturel ; mais ils s'arrêtèrent à moitié chemin, et, après avoir fait la part de la nature, ils se gardèrent de toucher à celle de la révélation. Ils conclurent seulement qu'il fallait s'attacher à tenir le corps et l'âme dans un état tel que les images du rêve ne fussent pas obscurcies ou déformées par des vapeurs hétérogènes.

Homère accorde déjà plus de valeur aux songes du matin[38], sans doute parce que l'âme est alors plus complètement débarrassée des impressions de la veille et le corps plus reposé. Ce fut du moins la théorie universellement admise dans le monde gréco-romain. Dans une idylle de Théocrite, Aphrodite envoie un songe

---

[35] Plut. *De fac. in orbe Lun.*, 26.
[36] Apollod., III, 12, 6. Parthen. *Erot.*, 4. Clem. Alex. *Strom.*, I, p. 334.
[37] Cf. Plut. *Conviv. sept. sap.*, 13.
[38] Hom. *Odyss.*, IV, 841.

à Europe, à la troisième veille de la nuit, « lorsque l'essaim des songes vrais s'en va errer autour des maisons [39]. » Par conséquent, les songes aperçus peu de temps après le repas devaient être suspects, surtout si le repas avait été copieux. Aussi le pêcheur de Théocrite, qui vient de rêver une pêche miraculeuse, affirme-t-il que, pourtant, il n'a pas trop soupé la veille [40]. Selon Apulée, les repas abondants amènent des songes tristes et funestes [41]. Enfin, les onirocritiques de profession enseignent que les fumées de la ripaille empêchent de voir la vérité, même le matin.

C'est sans doute là qu'il faut chercher la raison de certaines observations pythagoriciennes. Pythagore, disciple des Égyptiens, attachait une grande importance aux révélations oniromantiques, et il légua cette foi à son école. Le moins soumis peut-être de ses sectateurs, Épicharme, pensait là-dessus comme le maître [42]. Or, la fève passait pour donner des rêves faux et pour défigurer les vrais. De là, selon l'opinion rapportée par les auteurs les plus sérieux [43], l'interdiction qui excluait ce légume du régime pythagoricien. Dioscoride approuve, comme médecin, cette mesure ; et Plutarque défend, pour le même motif, les poulpes [44].

La position du corps pendant le sommeil n'était pas non plus indifférente. Il ne fallait pas se coucher sur le dos ni sur le côté droit, parce que, dans cette position, les viscères, et particulièrement le foie, miroir des images révélatrices, se trouvaient foulés [45].

L'opinion générale attribuait aussi aux saisons une influence spéciale sur les songes. Cette influence pouvait s'expliquer, sans théorie nouvelle, par le changement de régime qu'elles entraînent, et telle était l'opinion d'Aristote ; mais on préférait d'ordinaire des explications moins simples. Ainsi, l'on disait que le printemps laisse aux images toute leur netteté, parce qu'il est comme le matin de l'année et ouvre les êtres aux effluves du dehors, tandis que l'automne, avec ses maladies et le resserrement qu'il entraîne, est une saison défavorable. « Or, comme entre les corps et les âmes il existe une sympathie nécessaire, il est immanquable qu'à la suite de l'épaississement des esprits animaux, la vue divinatoire

---

[39] Theocr., *Idyll.*, XIX, 1 sq. Cf. Moschus, II, 5. Hor. *Sat.*, I, 10, 31. Ovid. *Her.*, XVIII, 195. Pers. *Sat.*, 11, 57. Tert. *De An.*, 48.

[40] Theocr., XXI, 40 sqq.

[41] Apul., *Met.*, I, 18.

[42] Tert., *De An.*, 46.

[43] Cic., *Divin.*, I, 30. Apoll. Dysc., *Hist. comment.*, 46. Plin., XVIII, 12, 118. Platon, toujours pythagoricien en morale, recommande également la sobriété comme préparation à la révélation oniromantique. (Cic., *Divin.*, I, 29.

[44] Plut., *Quaest. conv.*, VIII, 10.

[45] Tert., *De An.*, 48.

perde de sa lucidité, comme un miroir terni par le brouillard. Les images qui se forment dans le cerveau ne conservent plus rien qui soit net, significatif, tant que ces esprits sont compacts, ténébreux et refoulés sur eux-mêmes[46]. » Démocrite, que combat l'auteur de ce verbiage, s'était donné la peine de justifier par sa théorie des images le préjugé populaire. Les songes sont, à ses yeux, des décalques impalpables des objets qu'ils représentent, semblables de tout point à ceux qui frappent les sens pendant la veille. Non altérées, ces images apportent au cerveau des impressions exactes ; déformées par les accidents atmosphériques, ce qui arrive surtout en automne, elles ne procurent que des perceptions trompeuses.

Étant donné le principe sur lequel repose l'oniromancie, la saine raison ne pouvait qu'approuver des précautions dont le but était d'assurer l'intégrité et la netteté des signes révélateurs. Mais la raison se défendit mal contre des superstitions grossières, empruntées à la magie orientale ou produites spontanément par l'instinct populaire. On crut que certains adjuvants extérieurs, par exemple, une branche de laurier près de la tête, aideraient à obtenir des songes favorables[47].

Cette recommandation était d'ailleurs contresignée par les spécialistes les plus compétents, tels que Antiphon, Philochore, Artémon, Sérapion d'Ascalon. Ce qui étonne ici, ce n'est pas le fait en lui-même, qui pourrait être exact ; c'est l'inconséquence de gens qui, prédisant l'avenir par les songes, croyaient sans doute modifier l'avenir en modifiant le songe. Un degré plus bas, l'on rencontre les amulettes, les formules magiques qui ont le pouvoir de procurer des songes véridiques et de faire que l'on s'en souvienne au réveil. Une de ces amulettes porte gravée une adjuration en langue grecque « au maître de l'opinion et des oracles (?) pour obtenir de lui des songes nocturnes, en vérité et avec mémoire[48]. » Certaines prières passaient aussi pour procurer des songes. Une recette gréco-égyptienne pour obtenir des songes consiste à dessiner sur du byssus, avec du sang de caille, un dieu à tête d'ibis et à l'invoquer au nom d'Isis et Osiris. La magie ne s'arrête pas en si beau chemin. Elle trouve des recettes pour envoyer des songes à telle personne que désignerait le magicien. On trouve, dans des papyrus gréco-égyptiens, une recette d'un certain Agathoclès. Ce sont des phrases mystiques écrites sur une tablette que l'on met dans la gueule d'un chat noir. Un autre « oniropompe, » de Zminis le Tentyrite, consiste en une figure humaine, ornée de quatre ailes, dessinée sur un linge avec accompagnement de mots cabalistiques[49].

---

[46] Plut. *Ibid.*
[47] Fulg. *Myth.*, I, 13.
[48] *Bullett. Instit.* [Rom.], 1862, p. 39
[49] Voy. Leemans, *Papyri graeci Mus. Antiqq. publ. Lugduni Batav.*, 1843. Cf. dans la *Préparation*

Se préparer à être visité par des songes, soit par la sobriété soit par le jeûne, par la prière ou les enchantements, c'est aller au-devant de la révélation, ce n'est plus observer, mais expérimenter. Il n'y a qu'à régulariser le procédé et à l'entourer de rites liturgiques pour obtenir l'*incubation*. L'incubation diffère de l'oniroscopie ordinaire en ce qu'elle implique, de la part du consultant, une préméditation et un acte préparatoire. Si cette méthode prêtait à la critique en ce sens qu'elle ne soumettait à l'action divine que des esprits préoccupés, en revanche, elle facilitait singulièrement la tâche de l'interprète. Le songe était alors une réponse directe à une question bien définie, et une réponse donnée par un dieu dont on connaissait le tempérament, les habitudes, le langage accoutumé. Le consultant pouvait même se passer d'interprète en stipulant à l'avance avec le dieu les signes conventionnels qu'il attendait de lui. «Un malade, dit Artémidore, convint avec Sérapis que, s'il en devait réchapper, le dieu lui secouerait en songe la main droite; sinon, la main gauche[50].» Sérapis joua au plus fin avec son client en lui faisant secouer la main droite par Cerbère; mais, le malade une fois mort, on s'aperçut que le dieu était cependant resté fidèle à la convention, car l'acte du chien infernal ne pouvait signifier que le contraire du même acte fait par le dieu guérisseur.

Généralement l'incubation avait lieu dans les temples, où cette coutume créait par là même un oracle. Les Grecs n'ont eu, pour établir leurs oracles oniromantiques, qu'à suivre l'exemple des Égyptiens et des Chaldéens[51]. Ils paraissent même s'être contentés en cela d'imiter, ce qui explique l'âge relativement récent des oracles desservis par cette méthode.

L'incubation sur les tombeaux, imaginée dans le but de voir en songe les âmes des morts, a été la première et aussi la dernière forme de la nécromancie, que l'analyse retrouve du reste au fond de l'incubation en usage dans les oracles héroïques. Il a suffi de remplacer les Songes, fils de la Terre et du Sommeil, par les ombres des défunts pour obtenir une variété adoucie de la divination nécromantique.

Mais il serait inopportun d'insister ici sur des rapports qui ne vont pas jusqu'à supprimer toute distinction entre l'oniromancie proprement dite et les rites lugubres de la nécromancie. Quelle qu'ait été la manière dont les songes ont été obtenus, l'observation ne fournit, dans la plupart des cas, que des symboles, des

---

*évangélique* d'Eusèbe (XIV, 12), la recette à employer pour voir Hécate en songe.
[50] Artemid., V, 92.
[51] Sur l'incubation chez les Chaldéens, voy. F. Lenormant, *la Divination chez les Chaldéens*, p. 130 sqq.

signes qui doivent être soumis à une exégèse méthodique. Là commence le rôle de l'onirocritique.

## § II. — ONIROCRITIQUE

L'interprétation des songes était un art difficile qui résumait en quelque sorte l'art divinatoire tout entier. En effet, toutes les observations, toutes les expériences sur lesquelles les autres méthodes fondent leurs conjectures peuvent être reproduites par les songes. Le songe peut montrer à celui qu'il obsède des oiseaux fatidiques volant ou jetant leur cri dans l'espace, des rencontres heureuses ou funestes, des entrailles marquées d'indices révélateurs, des sorts cléromantiques, des ombres qui parlent et dont le langage doit être interprété tantôt dans le sens littéral, tantôt dans un sens anagogique quelconque ; de sorte que le devin onirocritique [52] doit connaître la signification exacte de tous les présages réels utilisés par la mantique pour être à même d'en interpréter, suivant la méthode qui lui est propre, l'image projetée dans le champ du rêve. Il doit être surtout préparé à pénétrer le sens des prodiges les plus opposés aux lois de la nature ou même au sens commun. Si les prodiges sont rares dans le monde des réalités, ils sont, au contraire, le fond commun de presque tous les songes. L'intelligence des visions oniroscopiques exige donc une science approfondie des signes prodigieux, et il n'y a pas de meilleur tératoscope qu'un bon onirocritique [53]. Aussi l'auteur d'un traité sur la matière, Artémidore, a-t-il la plus haute idée de l'art qu'il enseigne. Il en parle avec respect et même avec onction. C'est qu'à la science l'onirocritique doit joindre encore la discrétion et les plus rares qualités du cœur, s'il veut être réellement le médecin des âmes et parfois des corps, le conseil des imaginations anxieuses et le confident des plus secrètes pensées.

Les Grecs n'avaient pas cherché bien loin les origines de leur onirocritique : ils la disaient révélée ou inventée soit par Prométhée [54], soit par Amphictyon [55] ou Amphiaraos [56], sans trop se demander s'ils ne l'avaient pas reçue toute faite de l'Égypte ou de l'Orient. Ils sentaient bien cependant que, sur ce point, ils avaient beaucoup à apprendre de leurs voisins, et que la Grèce n'était pas le pays des plus habiles interprètes de songes. Ils reconnaissaient volontiers la compétence

---

[52] Ovid. *Amor.*, III, 5, 54. Onirocritique est employé tantôt comme adjectif, tantôt avec la valeur d'un substantif.
[53] Cf. Plin., VII, 50, 203. Diog. Laert., II, 46.
[54] Æschyl., *Prometh.*, 485.
[55] Plin., VII, 56, 203.
[56] Pausan., I, 34, 5.

exceptionnelle des devins de Telmessos, en Carie, ville «très religieuse,» qui était comme un vaste oracle[57], ou celle des Galéotes d'Hybla, en Sicile[58]. Mais leur paresse ingénieuse supposait que Telmessiens et Galéotes descendaient de deux fils de l'Apollon grec, et que les deux héros éponymes étaient partis de Dodone. Cette explication commode les dispensait de recherches pour lesquelles ils se sentaient peu de goût. Les comiques se sont plus occupés de Telmessos que les historiens[59].

L'onirocritique apparaît déjà constituée en science spéciale dans la société héroïque. Bien des traditions semblent indiquer qu'à l'origine les oracles de Dodone et de Delphes, connus d'Homère, usaient de l'incubation oniromantique. Mais les poèmes homériques nous fournissent des renseignements moins vagues. Les héros troyens comptent dans leurs rangs les deux fils du vieil Eurydamas, interprète de songes (*oneïropolos*)[60], et l'œil des grammairiens a découvert dans la famille de Priam au moins deux représentants de la divination oniromantique, Æsakos et Œnone.

Le poète ne met pas en scène d'interprète spécial de songes, et, en effet, ceux que les dieux envoient à ses héros n'exigent pas, pour être compris, une bien grande sagacité. L'*Iliade* ne relate que deux songes parlants ou *mythiques*, qui formulent les messages célestes en langage ordinaire et n'ont, par conséquent, pas besoin d'être interprétés. Cependant, il n'en est plus tout à fait de même dans l'*Odyssée*, où le songe symbolique apparaît, concurremment avec les visions parlantes. Mais ce symbolisme est encore bien transparent. Quand Pénélope rêve que son époux vient reposer à côté d'elle, «sous la figure qu'il avait lors de son départ pour Ilion[61],» c'est la réalité future qui s'offre à ses yeux, sans allégorie, et la révélation ne laisserait aucun doute dans son esprit, si elle ne la considérait pas comme un vain souvenir plutôt que comme une promesse. Le songe qu'elle confie à Ulysse[62] est bien allégorique, mais l'explication lui en est donnée dans la vision en langage humain; de sorte qu'elle n'a plus à se poser qu'une seule question, celle de savoir si le songe doit être accepté comme véridique ou tenu pour illusoire.

---

[57] Herod., 1, 78. Cic., *Divin.*, I, 41. Plin., XXX, 1, 2. Arrian., *Anab.*, I, 25, 8. Tertull., *De An.*, 46. Clem. Alex., *Strom.*, I, p. 361. (Oxon). Euseb., *Praep. Evang.*, X, 6, 3.

[58] Cic., *Divin.*, I, 20.

[59] Aristoph. *Telmessii*, fragm.

[60] La langue d'Homère ne possède pas encore le mot technique *oneïrokritikès*, mais il est inutile de chercher à introduire entre l'«onirocrite» et l'«oniropole» une distinction que le texte même condamne (Hom., *Iliad.*, V, 149).

[61] Hom., *Odyss.*, XX, 88.

[62] Hom., *Odyss.*, XIX, 535-562.

Homère distingue, en effet, entre les songes trompeurs et ceux qui disent la vérité, bien qu'il les croie tous envoyés par les dieux. Il n'impose pas aux habitants de l'Olympe une morale plus sévère qu'à ses héros. S'il admire les artifices d'Ulysse, il ne trouve pas mauvais que Zeus envoie à Agamemnon un « songe divin » pour le pousser à engager une bataille que les Grecs doivent perdre. Les dieux joignent à tous leurs privilèges le droit de mentir comme de simples mortels. Aussi les héros traitent parfois les pratiques divinatoires avec une certaine défiance, et n'ont pas toujours à se repentir de n'avoir pas tenu compte des avertissements célestes[63]. L'onirocritique du temps n'a pas encore imaginé de mettre les songes trompeurs sur le compte de la nature ou de mauvais génies et de sauvegarder ainsi la véracité divine.

Homère nous donne, par la bouche de Pénélope, la théorie sommaire qu'il adopte. Les songes sont inexplicables ou d'une interprétation difficile, et tous ne se réalisent pas. « Les songes s'échappent par deux portes, l'une de corne, l'autre d'ivoire ; ceux qui voltigent au travers des lames délicates de l'ivoire sont trompeurs et ne font entendre que de vains discours : ceux qui sortent par la corne polie annoncent la vérité[64]. »

Il est difficile de savoir quel sens symbolique le poète attache à la corne et à l'ivoire, mais nous n'avons pas besoin de choisir entre les explications des commentateurs pour constater qu'il fait ses réserves relativement à la crédibilité des songes et qu'il entend les soumettre à une critique rationnelle[65].

Cette science critique se constitua comme elle put, probablement par voie d'emprunts faits aux traditions égyptiennes et orientales. La divination officielle n'y eut point recours, sauf à Sparte, où les éphores allaient chercher des songes révélateurs dans le temple d'Ino. Les oracles qui pratiquaient l'incubation gardaient pour eux leurs méthodes d'interprétation. Les philosophes s'occupèrent tous de la divination par les songes et furent à peu près unanimes à lui reconnaître une valeur réelle, mais ils ne sortirent pas des questions générales pour formuler des règles d'exégèse pratique. L'onirocritique s'élabora au hasard dans les carrefours, où les devins à deux oboles se tenaient à la disposition de leur

---

[63] Hom., *Iliad.*, II, 81 ; XII, 237 ; XXIV, 220. *Odyss.*, II, 178 ; XX, 358.

[64] Hom., *Odyss.*, XIX, 560 sqq. Cf. Virg., *Æn.*, VI, 894. Tertull. *De Anim.*, 46. Lucien (*Ver. hist.*, II, 33) ajoute deux autres portes, l'une de fer, l'autre d'argile.

[65] Les uns disaient que la corne désignait la cornée de l'œil et, par conséquent, les apparitions visibles ; l'ivoire, les dents et, par conséquent, les paroles, plus trompeuses que les images. D'autres, non moins raffinés, remarquaient que le Sommeil (ou Morphée) est représenté avec une corne, matière vulgaire, symbolisant les événements appropriés à la fortune et aux facultés de la personne qui voit le songe, tandis que l'ivoire indique les promesses brillantes et iréalisables (Serv., *Æn.*, VI, 894).

clientèle. Ces industriels, que l'on rencontrait à Athènes aux alentours du temple de Bacchus[66], se servaient de tableaux[67] ou de manuels[68] analogues aux *Clefs des songes* qui circulent encore de nos jours et qui constituaient alors une tradition empirique. Les contemporains de Socrate purent voir parmi ces diseurs de bonne aventure un descendant du grand Aristide, réduit à ce métier par la misère[69], exemple fâcheux qui n'était pas fait pour encourager les hommes d'État à imiter le désintéressement du Juste. À côté de lui figure un client d'Isocrate, Thrasyllos, qui gagnait sa vie avec les livres à lui légués par son maître Polemaenetos[70].

La science de ces devins n'était ni désapprouvée ni garantie par les autorités religieuses. C'était affaire de croyance libre. Ceux qui se défiaient de la perspicacité des onirocritiques vulgaires pouvaient s'adresser en dernière instance aux oracles inspirés, qui trouvaient la solution des problèmes non par voie d'exégèse, mais par révélation directe et en vertu de leur compétence universelle. C'est ainsi que Philippe de Macédoine envoya Chœron de Mégalopolis à Delphes, pour consulter le dieu sur un songe qui lui avait été expliqué de diverses manières par les devins, entre autres par le célèbre Aristandros de Telmesse[71]. De même, un client de Sérapis demanda au dieu de vouloir bien lui donner en songe l'explication d'un autre songe, dont les onirocritiques d'Alexandrie ne venaient pas à bout[72]. En somme, les devins libres ; au-dessus d'eux, comme recours suprême, les oracles inspirés ; à côté d'eux, les oracles à incubation, suffisaient largement au service de la divination oniromantique en Grèce.

Cependant, la science des songes intéressait trop vivement une société au sein de laquelle elle ne comptait pas d'incrédules, pour rester confinée, comme un monopole, aux mains des devins de profession. Les plus marquants d'entre eux rédigèrent des traités ou manuels dans lesquels ils durent introduire, sinon des théories, au moins des classifications ; et ainsi se constitua tout un ensemble de travaux qui donnèrent à l'onirocritique les allures d'une science régulière. Le grand Hippocrate avait déjà fait le départ des songes qui servent à établir le pronostic médical, laissant à la divination proprement dite tout ce qui ne peut être considéré comme le résultat et l'indice de troubles organiques. Il simplifiait ainsi le travail des professeurs de divination, à supposer que ceux-ci aient bien voulu

---

[66] Plut., *Aristid.*, 27. Alciphr., *Epist.*, III, 59.
[67] Plut., *Cato*, 3.
[68] Eustath., *ad Iliad.*, I, 63.
[69] Plut., *Ibid.*
[70] Isocrat. *Æginet.*, 5.
[71] Plut., *Alex.*, 3.
[72] Artemid., IV, 80.

tenir compte de ses théories. Le nombre des auteurs de méthodes onirocritiques est considérable ; on rencontre parmi eux, à côté de simples praticiens, des érudits comme Philochore et des philosophes comme Chrysippe et Antipater. Sous la garantie d'aussi graves personnages, l'oniromantique s'imposa aux esprits les moins crédules. Quand Dion Cassius entreprenait d'écrire son *Histoire romaine* sur l'ordre d'un songe[73], il pouvait s'autoriser de l'exemple de Pline le Naturaliste[74] et de la foi de Galien[75]. Un des exordes les plus employés par les rhéteurs, exorde dont l'un d'eux donne la recette[76], consistait à dire qu'ils écrivaient sur l'invitation d'un songe.

Nous ignorons quels purent être les progrès des méthodes onirocritiques depuis le devin Antiphon, contemporain de Socrate, qui fit toujours autorité en cette matière, jusqu'au médecin Hérophile, qui vivait sous Ptolémée Soter. Hérophile distingua trois espèces de songes, ceux qui sont envoyés par les dieux, ceux qui naissent dans l'âme même et qui, selon la doctrine d'Aristote, peuvent aussi contenir un élément prophétique, et enfin, les songes mixtes, qui viennent du dehors, mais appelés par un désir ou une préoccupation de l'âme, comme les rêves érotiques[77].

Cette division se retrouve, convenablement retouchée, dans le corps de doctrine compilé par le savant Artémidore de Daldia, que l'on comparaît, pour son talent professionnel, à l'illustre Aristandros de Telmesse lui-même[78]. Artémidore a consacré à l'enseignement de son art un ouvrage que nous possédons encore. Écrivant sur l'ordre exprès d'Apollon et aussi sur les instances de son protecteur Cassius Maximus[79], Artémidore n'a rien négligé pour être aussi exact que possible, dans un livre qu'il destine à l'éducation de son fils et à l'édification de la postérité. Il a recueilli par lui-même toutes les traditions et les recettes connues ; il a parcouru l'Asie, la Grèce, l'Italie, interrogeant les devins les plus célèbres et jusqu'aux charlatans ; et c'est le résultat de toutes ces recherches, ajoutées à son savoir personnel, qu'il nous offre dans les cinq livres de ses *Onirocritiques*.

Artémidore n'a pas réussi à être aussi méthodique qu'il est consciencieux. Après avoir classé dans un certain ordre les divers objets des songes, il emploie le troisième livre à compléter, sur quelques points de détail, ses indications pre-

---

[73] Dio Cass., LXII, 23.
[74] Plin., *Epist.*, III, 5, 4.
[75] Galen., II, p. 812. ed. Kuhn.
[76] Menand., *De Encom.*, p. 249.
[77] Plut., *Plac. philos.*, V, 2.
[78] Lucien, *Philop.*, 21-22.
[79] Artemid., II, 70.

mières ; puis, il reprend son travail en sous-œuvre et le termine par un recueil d'exemples, c'est-à-dire de songes dont l'interprétation se trouve justifiée par l'événement.

C'est que son enseignement est fondé tout entier sur des preuves de fait. Il ne cherche point à établir a priori un rapport nécessaire entre le signe et la chose signifiée ; il lui suffit que tel rapport ait été constaté par voie empirique, et il n'aurait élevé aucune objection, au nom d'une théorie quelconque, si les choses en étaient allées autrement. Il enseigne à son fils que le devin doit à son client des explications rationnelles, mais des explications trouvées après coup, alors qu'il tient déjà la solution fournie par l'expérience. « Nous savons, dit-il, qu'il y a une raison aux choses, parce qu'elles arrivent partout de même manière ; mais les motifs pour lesquels elles se passent ainsi, nous ne pouvons les trouver. Aussi sommes-nous d'avis que l'événement doit être trouvé par l'expérience et les raisons tirées de notre propre fonds, suivant notre capacité[80]. »

Artémidore se tient donc en dehors des théories philosophiques et s'attache à guider, par des définitions et des classifications, le jugement de l'interprète des songes.

Avant tout, il faut savoir distinguer entre les rêves (*énupnia – insomnia*), qui ne renferment aucune révélation, et les songes proprement dits (*oneïron – somnia*), qui possèdent seuls une valeur divinatoire[81]. Il ne s'agit plus, comme au temps d'Homère, des songes trompeurs et des véridiques, les uns passant par la porte d'ivoire, les autres par la porte de corne, mais tous également surnaturels et, par conséquent, impossibles à distinguer les uns des autres. Les travaux des philosophes et les expériences des médecins ont fait abandonner depuis longtemps cette ébauche de système qui ne tenait aucun compte de l'activité propre de l'homme et mettait en doute la sincérité divine. On a reconnu qu'à proprement parler il n'y a pas de rêves faux, en ce sens que tous ont une cause dont ils représentent fidèlement la valeur et l'énergie. Ceux qui viennent du corps accusent l'état de réplétion ou de vacuité de ses organes ; ceux qui viennent de l'âme, les désirs ou les craintes qui l'agitent[82]. Ces images constituent les rêves (*énupnia*) ; ils indiquent une disposition présente et n'ont aucun rapport avec l'avenir. Artémidore aurait pu distinguer, comme on le faisait d'ordinaire, entre le rêve complet et

---

[80] Artemid., IV, 20.
[81] Cf. Serv., *ad Æn.*, 840.
[82] Artemid., I, 1 ; IV, *prorem.* Macrob., *Somn. Scip.*, I, 3, 4. C'est la classification adoptée par Galien, qui reconnaît trois espèces de songes : les songes révélateurs, ceux que fait naître la préoccupation de l'âme et ceux qui proviennent des affections du corps.

l'hallucination ou demi-rêve (*phantasma – visum*[83]), phénomène qu'avaient étudié à fond quantité d'onirocritiques, entre autres Artémon de Milet et Phœbos d'Antioche[84]. Mais il trouve trop subtiles les distinctions que ces auteurs se sont efforcés de marquer entre l'hallucination naturelle et les visions surnaturelles. Il prétend que si la différence n'est pas évidente par elle-même, il est impossible à l'exégète de l'établir. Aussi le voit-on, dans la pratique, interpréter comme vision surnaturelle le vampire ou cauchemar (*éphialtès*) qui, pour d'autres, est le type de l'hallucination.

Ce triage préalable, qui doit séparer les songes divinatoires des non-valeurs, est d'une importance capitale, et pourtant Artémidore, qui avait déjà écrit là-dessus un ouvrage spécial[85], est fort embarrassé de donner à ce sujet des règles précises. Il s'en remet évidemment à la sagacité de l'onirocritique qui, exigeant tout d'abord de son client les confidences les plus intimes, décidera ainsi quelle part doit être faite aux influences naturelles, aux appétits et aux passions. Le cas devient particulièrement difficile lorsque le client a lui-même des notions d'onirocritique, car il peut arriver que, chez lui, l'imagination emprunte à la mémoire, pour représenter l'objet dont elle est préoccupée, des symboles qui feraient croire à un songe divinatoire. Ainsi, un amoureux ordinaire rêverait de femmes, et la qualité du rêve serait bien vite reconnue ; tandis que celui qui est au courant du langage symbolique « verra, non pas sa bonne amie, mais un cheval, ou un miroir, ou un vaisseau, ou la mer, ou une femelle d'animal, ou un vêtement de femme, ou quelque autre des choses qui désignent la femme[86]. » Un tel rêve passerait aisément pour un songe et servirait de point de départ à des conjectures absolument fausses. Le mieux serait peut-être encore de demander au client si, d'ordinaire, les songes qu'il fait se réalisent ; on obtient ainsi, du premier coup, une probabilité pour ou contre le caractère divinatoire du songe en question.

En somme, il n'y avait pas de critérium fixe qui permît de juger à coup sûr, et les sceptiques le savaient bien. « Si parmi les songes, dit Cicéron, il en est de vrais et de faux, je voudrais bien savoir à quelle marque on les distingue. S'il n'y en a pas, pourquoi écouter ces interprètes ? S'il y en a une, je suis curieux de savoir quelle elle est ; mais ils resteront dans l'embarras[87]. »

Défalcation faite des rêves dus aux préoccupations, aux désirs et aux besoins, reste la part de la divination, les *songes* (*oneïroi*). Un homme de vie réglée, qui

---

[83] Macrob., *Ibid.*, I, 5, 7.
[84] Artemid., I, 2.
[85] Artemid., I, 1.
[86] Artemid., IV, *Proœm.*
[87] Cic., *Divin.*, II, 62

tient son âme et ses sens en repos, ne rêve pas; il songe, et entre ainsi en communication avec la pensée divine. Le calme physique et moral est, en effet, la plus sûre garantie de la véracité des songes, et il ne faut pas le compromettre, même par des pratiques louables. Artémidore ne défend pas de désirer ces révélations divines et de les demander aux dieux, mais il veut qu'on se contente d'une prière discrète, ne permettant l'encens, les sacrifices et les actions de grâces qu'une fois le songe obtenu[88]. À plus forte raison faut-il proscrire les formules magiques et les stipulations faites à l'avance dans le but d'indiquer aux dieux quels sont les signes exigés. Artémidore déclare ces sortes de pactes «ridicules» attendu que les dieux, comme les hommes de cœur, ne veulent pas être violentés. Du reste, l'intervention de la magie n'allait à rien moins qu'à bouleverser tous les principes de l'onirocritique. Si les magiciens pouvaient envoyer des songes, on n'avait plus à compter seulement avec la nature, d'une part, et les dieux, de l'autre, mais avec un troisième agent, dont la volonté capricieuse échappait à toute prévision.

Enfin, supposons réunies toutes les conditions dans lesquelles se produisent les songes révélateurs, soit demandés et prévus (*aïtêtikoï*), soit spontanés (*théopemptoï*). En employant le mot *théopemptoï*, qui est un terme du métier, Artémidore n'entend pas trancher la grave question débattue par Aristote, celle de savoir si la révélation vient à l'âme du dehors, ou si elle y est déjà contenue à l'état latent. «On appelle *théopemptoï* (envoyés par les dieux), dit-il, conformément à l'usage, tous les songes inattendus[89].» Il n'était pas éloigné, pour son compte, de penser que les dieux fournissent la pensée prophétique, et l'âme, les images ou symboles dont cette pensée est revêtue.

En effet, il ne doute pas que les dieux n'envoient des songes, puisqu'il admet qu'on leur en demande; et, d'autre part, il répète que «le songe est l'œuvre des dormeurs[90],» que «les songes sont les œuvres de l'âme et ne sont pas envoyés par quelqu'un du dehors[91],» comme on peut le constater en comparant les songes des gens instruits avec ceux des ignorants. En conséquence, Artémidore donne du songe une définition générale qui peut s'accommoder à tous les systèmes, et à laquelle les «amateurs de disputes» peuvent seuls trouver à redire. C'est, dit-il, «un mouvement ou une conformation de l'âme, qui, sous les aspects les plus divers, annonce les biens et les maux futurs[92].»

---

[88] Artemid., IV, 2.
[89] Artemid., I. 6; IV, 3.
[90] Artemid., I, 1.
[91] Artemid., IV, 59. Il va même jusqu'à dire qu'«on n'aura jamais de visions concernant des choses dont on ne s'est pas occupé (I, 2).»
[92] Artemid., I, 2.

Parmi les songes, les uns représentent directement et complètement l'action ou l'événement qu'ils présagent ; les autres ne fournissent que des symboles allégoriques dont il faut deviner le sens. Voici donc deux catégories bien distinctes — ce qui ne veut pas dire faciles à distinguer dans l'application — les songes théorématiques (*théorêmatika*), et les songes allégoriques (*allêgorika*).

Les songes théorématiques sont de deux espèces. Les uns sont de simples visions, des tableaux vivants (*orama — visio*) ; les autres, des visions parlantes qui ne représentent pas l'avenir en acte, mais le révèlent par la parole. C'est la prophétie parlée (*chrêmatismos — oraculum*). Artémidore indique assez obscurément cette classification, qui se retrouve plus nette chez Macrobe. Ce qui l'embarrasse, c'est sans doute que les visions parlantes usent souvent d'un langage allégorique ou procèdent par allusions clédonomantiques, ou encore par citations comparables aux sorts poétiques[93], de sorte qu'il y faut appliquer l'exégèse, absolument comme aux songes allégoriques.

Ceux-ci, du reste, ne se distinguent des premiers par aucun caractère immédiatement appréciable. Artémidore indique seulement une différence qui se révèle après coup, mais ne peut servir à asseoir le pronostic ; à savoir, que les songes théorématiques se réalisent immédiatement, « tandis que les autres n'ont leur effet qu'au bout d'un certain laps de temps, petit ou grand[94]. » Il n'y a de certitude à cet égard que dans un seul cas, lorsque le songe se trouve être absolument irréalisable sous la forme qu'il affecte.

Ainsi, tout dépend, cette fois encore, de la sagacité de l'onirocritique, de son expérience et de la sûreté des informations qu'il a recueillies sur les mœurs, les habitudes, la vie passée, les chances d'avenir de son client.

Les songes *allégoriques*, auxquels seuls convient le nom d'*oneïroï* dans le sens restreint du mot, se subdivisent, non plus au point de vue de leur nature, mais au point de vue de leur objet, en cinq classes[95].

1° Les songes peuvent avoir pour objet le songeur lui-même (*idia — propria*), et alors, l'effet sera pour lui, si l'action rêvée ne sort pas de sa personne. Si cette action se passait autour de sa personne, l'effet peut être, suivant le membre ou les membres de sa personne qui y ont été intéressés, pour sa famille, ses es-

---

[93] On cite quantité d'oracles versifiés entendus en songe, entre autres par Pausanias (Plut., *Cimon*, 6) ; Socrate (Plut., *Criton*, p. 145) ; Alexandre (Plut., *Alex.*, 26) ; les Thébains dans l'antre de Trophonius (Pausan., IV, 32, 5) ; Antiochus, fils de Stratonice (Steph. Byz. s. v. Laodikea) ; Lucullus (Suidas, s. v. Loukoullos) ; Elisius (Plut., *Consol. Apoll.*, 14), etc.
[94] Artemid., IV, 1.
[95] Artemid., I, 2.

24

claves ou ses amis. Ainsi, « la tête se rapporte au père ; le pied à l'esclave ; la main droite à la mère, au fils, à l'ami, au frère ; la main gauche à l'épouse, à la mère, à la maîtresse, à la fille et à la sœur ; les parties honteuses, aux parents, à la femme et aux enfants. Pour le faire court, chacune des appartenances, y compris les meubles et vêtements doit être examinée de la même manière. » Ce symbolisme rappelle la « mélothésie » astrologique, et se justifie par des raisons tout aussi probantes.

2°-3°    Les songes concernant une personne étrangère, mais connue du songeur, sont dits étrangers (*allotria — aliena*) ; ceux qui visent un individu quelconque sont communs (*koïna — communia*). Dans les deux cas, si le songeur y joue un rôle comme but ou comme agent, l'effet sera pour lui ; sinon, l'effet sera pour les autres figurants. L'événement a prouvé que cet effet était direct, c'est-à-dire conforme aux promesses ou aux menaces du rêve, si les figurants sont des personnes amies, inverse dans le cas contraire.

4°-5°    Quant aux songes qui mettent en scène les objets appartenant à la cité, tels que ports, murailles, places, gymnases, édifices publics (*dêmosia*), ou la nature en général, la terre, la mer, les astres (*kosmika*), ils ne doivent pas être acceptés sans contrôle. Des docteurs en cette matière, Panyasis d'Halicarnasse et Nicostrate d'Éphèse, instruits sans doute par les défiances des gouvernements, ne reconnaissaient qu'aux hommes investis de fonctions publiques, magistrats ou prêtres, le droit d'avoir de pareils songes. Chez les simples citoyens, ces rêveries n'indiquaient que des préoccupations malsaines, car elles ne leur seraient pas venues s'ils ne s'étaient mêlés de ce qui regarde les autorités constituées.

L'adresse du songe ainsi obtenue par l'examen des personnes ou objets évoqués par l'imagination, il fallait en apprécier la *qualité* et la *quantité*.

Artémidore paraît peu satisfait des rapports vagues d'où ses prédécesseurs ont fait dépendre la détermination de la *qualité*. Ces rapports, dont certains faiseurs de classifications ont aperçu jusqu'à deux cent cinquante, se ramènent à six idées fondamentales ou élémentaires (*stoïkeïa*) : celles de *nature* (*phusis*), de *loi* (*nomos*), de *coutume* (*êthos*), de profession ou d'art (*téchnê*), de *nom* (*onoma*) et de *temps* (*chronos*) [96]. On prétendait donc qu'un songe était heureux ou malheureux, suivant qu'il se trouvait en harmonie ou en désaccord avec ces notions, prises comme critérium. Mais on s'expose de cette façon à bien des méprises. Un po-

---

[96] Artemid., I, 3 ; IV, 2.

LA SCIENCE DES RÊVES DANS L'ANTIQUITÉ

tier rêva qu'il battait sa mère ; il semblait pécher contre la loi, et cependant il fit fortune en battant et pétrissant notre mère commune, la terre. Aristide, le jurisconsulte, allait toujours vêtu de blanc ; malade, il se vit habillé de même sorte. Le songe paraissait conforme à sa coutume particulière et, par conséquent, heureux. Pourtant Aristide mourut, car, au-dessus de ses habitudes personnelles, il y avait la coutume générale qui fait mettre les morts dans des linceuls blancs.

Il résulte de ces exemples, non pas que la méthode est mauvaise, mais qu'elle est d'une application difficile. Artémidore, qui semble en faire fi, s'en sert à chaque instant. Rien de plus fréquent, chez lui, que des interprétations modifiées suivant les coutumes locales, les habitudes particulières, les professions, ou fondées entièrement soit sur le sens, soit sur le caractère heureux ou malheureux des mots ou noms. Il déclare lui-même qu'à moins de circonstances particulières, les songes conformes aux mœurs locales sont heureux et ceux qui rappellent des coutumes étrangères, malheureux [97]. Ainsi, rêver qu'on a la tête rasée est un présage fâcheux ; mais le même présage est heureux pour les prêtres d'Isis et les histrions, qui ont l'habitude de se raser de la sorte [98]. De même, si un médecin parle de médecine en rêve, l'effet du songe est pour son interlocuteur, tandis qu'il serait pour le médecin lui-même, si la conversation avait roulé sur la jurisprudence [99].

En tout cas, le système qu'il préconise exclut tout critérium fixe pris en dehors du songe, et n'aboutit qu'à déterminer les rapports de qualité entre le songe et son effet. Ces rapports sont au nombre de deux, le direct et l'inverse [100]. Un songe peut être heureux en soi, dans sa forme (*kata to entos*) et heureux dans son effet (*kata to ektos*) ; malheureux en soi et malheureux dans son effet ; mais il peut être aussi heureux dans sa forme et funeste dans son effet, ou, au contraire, d'aspect menaçant et d'effet heureux. C'est au devin à juger du caractère du songe d'après la fortune ou les habitudes, ou la préoccupation, ou l'âge des clients [101]. Un homme rêve qu'il est décapité : mauvais présage s'il a des parents ou des fils à perdre ; mais s'il est sous le coup d'une accusation capitale, il en sera quitte pour un supplice imaginaire, attendu qu'on ne peut pas être décapité deux fois [102]. Se voir mis en croix passerait à première vue pour un pronostic fâcheux, mais si le songeur est prêt à s'embarquer, cela signifie qu'il sera heureusement porté par

---

[97] Artemid., I, 8.
[98] Artemid., I, 22.
[99] Artemid., IV, 33.
[100] Artemid., I, 5. Cf. Lucain, *Phars.*, VII, 21.
[101] Artemid., IV, 21.
[102] Artemid., I, 35.

le bois de son navire ; s'il est pauvre, qu'il sera élevé au-dessus de sa condition ; s'il est esclave, qu'il recouvrera la liberté, dont la mort est très souvent le symbole [103].

L'onirocritique ne doit pas oublier non plus qu'un songe complexe peut être heureux et malheureux en même temps [104].

Avec de pareilles règles, il est impossible de jamais trouver la théorie en défaut.

L'appréciation des songes au point de vue de la quantité a aussi son importance, car on pourrait être tenté de mesurer l'énergie de l'effet à l'intensité ou au nombre des images. Ici encore, le rapport entre le signe et la chose signifiée est tantôt direct, tantôt inverse. Il faut savoir que certains songes signifient beaucoup de choses par beaucoup de signes, (*polla dia pollôn*) ou, s'ils sont très simples, annoncent des incidents de peu d'importance (*oliga di oligôn*) ; d'autres, au contraire, enferment quantité de présages dans un petit nombre de signes (*polla di oligôn*), ou encore accumulent des accidents trèscomplexes pour aboutir à un présage de peu de portée (*oliga dia pollôn*) [105]. Ainsi, un homme rêva qu'il avait perdu son nom. Mince présage en apparence ; mais l'individu en question perdit son fils, sa fortune, fut condamné par toutes les juridictions, exilé, et finit par se pendre, se plaçant ainsi parmi ceux dont on ne prononce plus le nom, même dans les banquets funèbres. Un autre, au contraire, eut un rêve compliqué, rempli d'aventures miraculeuses, lequel signifiait simplement qu'il se casserait la jambe.

L'onirocritique ne peut pas donner de règles formelles en cette matière. Là, comme toujours, la solution dépend en grande partie des renseignements relatifs à la personne du songeur. L'énergie des présages se mesure souvent à l'importance de celui qu'ils concernent. Artémidore approuve tout à fait, à ce point de vue, le vers-proverbe de Callimaque :

Car les dieux, aux petits, font de petits présents [106].

Seulement, le devin doit se garder d'une méprise facile à commettre dans l'évaluation du rapport de quantité. Il faut qu'il sache s'il a affaire à un songe simple dont tous les détails servent à établir le même pronostic, ou à un songe

---

[103] Artemid., II, 53.
[104] Artemid., IV, 65.
[105] Artemid., I, 4.
[106] Artemid., IV, 84.

composé (*synthetos*) qui contient plusieurs présages distincts et dont les diverses parties doivent être interprétées isolément [107].

Enfin, le songe une fois classé à tous points de vue, analysé et convenablement interprété, il reste encore à élucider un point qui importe beaucoup à la vie pratique : il faut fixer à la réalisation du pronostic une date approchée ; sans quoi, la vie entière pourrait s'écouler dans l'attente de pareilles échéances. Mais c'est là une tâche tout aussi épineuse que les précédentes, attendu qu'il n'y a pas non plus de critérium décisif en cette matière. On peut trouver cependant quelques indications dans le songe lui-même. S'il a été reconnu *théorématique*, on sait par là même que son accomplissement doit être immédiat ; s'il est *allégorique*, il faut examiner la nature des symboles offerts [108]. « À ceux qui te demanderont dans combien de temps les songes se réalisent, tu répondras que tous les objets qui, dans la réalité, ont leur effet à une époque fixe, ont aussi, vus en songe, une échéance analogue, comme les jeux, les panégyries, les archontes, les stratèges et autres choses semblables ; tandis que tout ce qui, dans la réalité, arrive à époque variable ou dans un laps de temps illimité, a aussi une échéance illimitée. Les objets dont on ne se sert qu'un moment dans la journée ont leur effet en quelques jours ; ceux dont on use plus longtemps le font attendre plus longtemps. Les choses qu'on voit de loin, comme ce qui est dans le ciel, arrivent plus lentement, à cause de la distance [109]. » Ces règles empiriques ne devaient pas jeter un grand jour sur la question. Quand le songe contenait des figures d'animaux, on pouvait obtenir une approximation plus exacte, car « les animaux produisent leur effet au bout d'autant de temps qu'il leur en faut pour naître, c'est-à-dire qu'ils en passent dans le ventre de leur mère. »

Mais, en définitive, il fallait toujours en revenir aux probabilités dont le bon sens est juge. « Admets des pronostics d'effet moyen et des laps de temps en harmonie avec les circonstances qui environnent chaque objet aperçu ou avec l'attente des clients, car il serait ridicule, en présence d'un homme qui craint ou espère pour le lendemain et qui a fait un songe, d'aller expliquer ce qui arrivera au bout de l'année. »

On le voit : dans toutes les difficultés de son art, le devin onirocritique prend toujours son point d'appui sur la personne même de son client. Le client est si bien la mesure de toutes choses que le même songe, non seulement a des sens différents quand il apparaît à des personnes différentes, mais doit être interprété

---

[107] Artemid., IV, 35.
[108] Artemid., IV, 1.
[109] Artemid., IV, 84.

diversement lorsqu'il se représente plus d'une fois au même individu, parce qu'à chaque fois les circonstances dans lesquelles se trouve le songeur, et surtout l'impression qu'il a éprouvée pendant le rêve, ont changé. Ainsi un parfumeur rêva qu'il n'avait plus de nez ; il perdit sa fortune et ferma boutique. Le même songe revint plus tard, s'adressant cette fois, non plus au négociant, mais à l'homme. Le résultat fut que l'infortuné, victime d'une calomnie, se vit montré au doigt comme s'il avait eu le visage difforme. Lorsqu'il rêva pour la troisième fois qu'il avait perdu son nez, ce fut son arrêt de mort : il allait tomber au pouvoir de la camarde [110].

Quant à l'impression éprouvée pendant le rêve, elle est si importante qu'elle peut modifier considérablement le pronostic. « Tous les songes qui annoncent des malheurs, si l'âme du songeur n'est pas désagréablement affectée, n'amèneront que des maux moins sérieux et, pour ainsi dire, de nul effet ; de même pour les songes qui présagent du bonheur ; ces biens seront imparfaits et bien moindres, au cas où l'impression n'aurait pas été agréable [111]. »

Les classifications, observations et avertissements qui précèdent constituent à peu près tout ce que des siècles de pratique ont pu donner de règles générales à l'exégèse des songes. Il faut y ajouter le vocabulaire onirocritique, c'est-à-dire la traduction des principaux symboles, fondée sur des associations d'idées ou analogies plus ou moins naturelles, car, dit Artémidore, « l'onirocritique n'est autre chose que le rapprochement des semblables [112] ». Le reste dépend absolument de l'instruction personnelle du devin, de la sûreté de ses informations et de la rectitude de son jugement.

Que ne devait pas savoir l'onirocritique pour s'orienter au milieu des images bizarres soumises chaque jour à son appréciation ! Non seulement il devait connaître à fond le langage symbolique, qui est l'instrument même de son art ; non seulement il devait être versé dans l'histoire et la mythologie courante pour interpréter les réminiscences et allusions historiques ou mythologiques [113] ; mais on peut dire qu'il était obligé d'acquérir une compétence universelle en matière de divination [114].

---

[110] Artemid., IV, 27.

[111] Artemid., I, 12.

[112] Artemid., II, 25. Cf. Cic., *Divin.*, II, 60. L'ouvrage d'Artémidore est un vocabulaire de ce genre. L'auteur y passe en revue tous les objets symboliques que peuvent lui offrir ses notes et ses souvenirs.

[113] Artemid., IV, 43, 47, 63.

[114] *Quid ergo ? ad haec mediocri opus est prudentia an et ingenio praestanti et eruditione perfecta ?* (Cic., *Divin.*, II, 63.)

En effet, le caractère spécial de la divination par les songes, celui qui la rend digne d'une attention toute particulière, c'est —nous l'avons dit déjà,— de renfermer et de résumer toutes les branches de la mantique nationale, en les complétant par l'adjonction d'une science qui les met toutes à contribution, la *tératoscopie*, ou interprétation des prodiges. La tératoscopie, qui suppose déjà des connaissances universelles par cela seul qu'il faut connaître toutes les lois de la nature pour distinguer les prodiges des phénomènes naturels, est contenue tout entière dans l'oniromancie. Celle-ci vit dans le prodige, comme dans son élément ordinaire ; elle le dépasse même, puisqu'elle interprète jusqu'à l'invraisemblable, l'impossible, l'absurde ; tandis que, du côté opposé, elle en sort, de temps à autre, pour juger des images conformes à leurs modèles naturels.

L'oniromancie est donc comme une vaste encyclopédie de la divination, où nous allons retrouver sans peine toutes les méthodes analysées jusqu'ici.

Soit, par exemple, une image qui tombe dans le domaine de l'ornithomancie, l'apparition d'un oiseau. L'onirocritique est obligé de savoir, comme l'augure, à quelle divinité la tradition adjuge chaque espèce, car « tous les animaux qui sont consacrés aux dieux indiquent ces dieux eux-mêmes [115]. » Il doit ensuite examiner les mœurs de l'espèce en question et faire des rapprochements analogiques avec les affaires humaines, c'est-à-dire, en somme, reprendre à nouveaux frais les raisonnements qui jadis ont servi de base à la tradition augurale. La consultation suivante pourrait aussi bien être signée par un augure que par un interprète de songes. « Voir un aigle assis sur une pierre ou perché sur un arbre très élevé est bon signe pour ceux qui s'apprêtent à l'action, mauvais pour ceux qui craignent. Le voir voler doucement, sans précipitation, est également bon signe, mais l'effet en est d'ordinaire plus lent [116]. » Veut-on un prodige ornithoscopique ? Les songes les multiplient et fournissent toutes les copies des prodiges réels. « Un aigle se reposant sur la tête de l'observateur présage la mort pour celui-ci, car tout ce que l'aigle saisit de ses ongles meurt [117]. » Le prodige réel aurait été interprété de la même manière, pour les mêmes raisons. Aussi, les onirocritiques empruntaient-ils souvent leurs interprétations aux tératoscopes et étaient eux-mêmes consultés sur les prodiges. Artémidore, en un certain endroit, renvoie, pour plus amples renseignements, au traité *Des prodiges et signes* de Mélampus, « estimant qu'il n'y a aucune différence entre ce qui se passe durant le jour et ce qui apparaît en

---

[115] Artemid., III, 28.
[116] Artemid., I, 44.
[117] Artemid., II, 12.

songe, car on arrive, de part et d'autre, au même pronostic, comme nous l'avons souvent vérifié par l'expérience [118]. »

Sur la foi de cette assertion, on pourrait emprunter à l'expérience oniroscopique de quoi compléter le peu que nous savons sur l'extispicine réelle. On peut rêver qu'on dissèque un animal ; on peut aussi songer que l'on est soi-même traité de la sorte. C'est ce dernier cas que considère Artémidore ; mais, si étrange que paraisse l'exemple choisi, il se prête à une assimilation toute naturelle, attendu que la victime, dans les sacrifices réels, représente en tout celui qui l'offre et pour qui l'on en consulte les entrailles. L'haruspice aurait donc pu raisonner comme le fait l'onirocritique, et localiser, comme lui, les pronostics dans les diverses parties interrogées par son scalpel, faisant représenter le conjoint de son client par le cœur et les poumons ; le fils et les soucis par le foie ; l'argent et les femmes par la vésicule du fiel ; les plaisirs par la rate ; les enfants et les usuriers par les intestins ; les frères et la parenté par les reins. Artémidore a peut-être pris sa conclusion dans un manuel d'extispicine. « Lorsque ces parties demeurent en place, elles indiquent que ce qu'elles représentent durera ; doublées, toutes ensemble ou dans une partie isolée, elles indiquent que l'effet représenté sera double [119]. »

La divination qui est le plus largement représentée dans l'oniromancie est la divination populaire par les rencontres fortuites ou symboles (*apantêseis — symboloï*). Les gens superstitieux qui remplissaient de ces préoccupations leur vie domestique et leurs voyages, pouvaient s'adresser de confiance à l'onirocritique, aussi bien pour les incidents réels que pour les incidents imaginés, les uns et les autres ayant même valeur. Il n'est pas une page du livre d'Artémidore qui ne fournisse un appoint à la symbolomancie. Supposons qu'un individu timoré ait rencontré des ânes chargés et soit tenté d'y voir un présage. Le présage sera le même que s'il avait rêvé cette rencontre. Or, « des ânes chargés, obéissant à leurs conducteurs, d'ailleurs bien portants et marchant d'un bon pas, sont d'heureux augure pour un mariage ou une association ; pour les voyages, ils présagent une entière sécurité, mais des délais et lenteurs à cause de la lourdeur de leur marche [120]. »

On sait que la belette était généralement redoutée des gens à frayeurs. Artémidore nous donne le sens de ses apparitions. « La belette indique une femme rusée et méchante ou un procès, parce que *dikê* et *galê* font en chiffres le même compte ; et aussi la mort, car ce que la belette prend, elle hi corrompt ; puis, des

---

[118]  Artemid., IV, 56.
[119]  Artemid., I, 20.
[120]  Artemid., *Ibid.*

bénéfices et utilités, parce que certains l'appellent *kerdô* (gain). On peut apprécier ces différences en l'observant, selon qu'elle s'approche ou s'éloigne, qu'elle fait ou subit quelque chose d'agréable ou de désagréable [121]. »

Il devait arriver souvent que des gens en quête d'un conseil surnaturel fissent une sorte de pacte avec les dieux et convinssent avec eux de prendre pour symbole le premier objet qui s'offrirait à leur vue. Pour ceux-là, les répertoires onirocritiques étaient une mine inépuisable de renseignements.

Ce procédé est surtout connu par l'emploi qu'on en faisait dans la divination clédonomantique. La clédonomancie tient aussi une grande place dans l'interprétation des songes et y est représentée sous tous ses aspects. Que l'on voie des individus portant des noms comme Ménon ou Ménécrate, on en conclut qu'il faut s'abstenir de voyager. Zénon, Zénophile, Théodore donnent bon espoir aux malades ; Karpos, Elpidophoros et Eutychos indiquent un bénéfice pécuniaire. D'autre part, Thrason, Thrasylos, Thrasymachos encouragent à agir en enjoignant de ne pas hésiter [122]. On connaît le calembour qui rassura Alexandre devant Tyr. Le conquérant, impatient et presque découragé par les lenteurs du siège, rêva qu'il voyait un satyre danser sur son bouclier. Aristandre de Telmesse déclara que nul présage ne pouvait être plus heureux, attendu que Satyros signifie : *Sa Tyros* «Tyr est à toi [123]. » Artémidore use à chaque instant de ce procédé fécond en résultats inattendus. C'est ainsi que, seul de tous les légumes, le pois (*pisos*) est favorable, parce qu'il signifie confiance (*pistis*) [124] ; que les chèvres (*aïgês*) indiquent les vagues de la mer, appelées métaphoriquement du même nom [125] ; l'aigle (*aétos*), l'année présente (*a étos*) [126]. Le dieu Sérapis expliqua un jour, par une finesse étymologique, un songe que les plus habiles désespéraient d'élucider [127]. Seulement, l'expérience avait appris qu'il fallait parfois contrôler, à l'aide des renseignements supplémentaires, les résultats ainsi obtenus, surtout en ce qui concerne les noms propres. Le jurisconsulte Paulus, par exemple, ayant un procès, rêva qu'il avait pour avocat Nicon, c'est-à-dire le «victorieux. » Il était enchanté du présage, mais il existait réellement un Nicon qui avait été condamné jadis par la justice impériale, et Paulus perdit son procès [128]. Parfois aussi, on

[121] Artemid., III, 28.
[122] Artemid., III, 38.
[123] Artemid., IV, 2.
[124] Artemid., I, 68.
[125] Artemid., II, 12.
[126] Artemid., II, 20.
[127] Artemid., IV, 80.
[128] Artemid., *Ibid.*

applique la clédonomancie là où elle n'a que faire. Un malade rêva qu'il voyait un certain Pison, et un devin lui promit là-dessus longue et heureuse vie. Mais le nom était ici chose indifférente, tandis qu'on avait négligé un détail important : c'est que ce Pison portait des parfums. Or, il les destinait à un enterrement, comme on s'en aperçut à la prompte mort du songeur [129].

Les songes parlants tiennent à la fois de la clédonomancie et de la cléromancie. Artémidore, en homme prudent, dresse une liste des êtres dont les paroles, allégoriques ou non, méritent créance [130]. Il place en première ligne les dieux, pourvu qu'ils apparaissent avec le caractère qui leur convient ; puis les prêtres et les rois, les devins de bon aloi, les morts, les enfants et les vieillards. Tous autres personnages sont légitimement suspects. D'ailleurs, il conseille de ne pas torturer le sens des oracles cléromantiques, lorsqu'ils sont suffisamment clairs par eux-mêmes. Si le sens est obscur, on se guide d'après le caractère général du poème d'où l'oracle a été extrait. Ainsi une servante rêva qu'elle entendait un vers d'Euripide. Ce vers ne signifiait rien par lui-même, mais il était tiré d'Andromaque, et la pauvre servante fut, comme Andromaque, victime de la jalousie de sa maîtresse [131].

La divination météorologique, dont l'art fulgural est la branche la plus importante, n'est pas non plus étrangère à l'onirocritique. Les foudres, bolides, comètes, arcs-en-ciel, nuages, vents, tremblements de terre apparaissent aussi bien en songe que dans la réalité. Toutefois, l'onirocritique était ici plus à l'aise que le devin chargé d'interpréter des phénomènes réels, parce que son pronostic était restreint à la personne du songeur, tandis qu'un arc-en-ciel ou un tremblement de terre véritable ne pouvaient avoir été ordonnés par la Providence en vue de fournir des présages à un seul individu. Cette réserve une fois faite, il est telle consultation onirocritique que l'on croirait rédigée par un météorologiste. « Un arc-en-ciel vu à droite est bon ; à gauche, mauvais. S'il est à droite ou à gauche en même temps, il faut s'orienter non d'après le spectateur, mais d'après le soleil. De toute façon, c'est un présage heureux pour ceux qui sont dans une extrême pauvreté ou dans quelque autre malheur, parce que l'arc-en-ciel change l'état de l'atmosphère et que les malheureux ne peuvent que gagner au changement [132]. » Il est tel cas, cependant, où le signe vu en songe peut avoir sens opposé à celui qu'il aurait dans la réalité. Du moins, Nigidius Figulus soutenait « qu'un coup de foudre, même inoffensif, est, pour tout le monde, chose abominable, mais que

---

[129] Artemid., IV, 22.
[130] Artemid., II, 69 ; IV, 72.
[131] Artemid., IV, 59.
[132] Artemid., II. 36.

ceux qui en étaient frappés en songe y trouvaient un présage excellent, annonçant une brillante fortune[133].»

À l'égard de l'astrologie, Artémidore garde une attitude défiante. Il subit de mauvaise grâce la domination de cette puissante rivale de l'onirocritique, qui dénature et menace de supprimer toutes les autres méthodes. Lorsqu'il parle des devins dignes de foi, il distingue deux sortes d'astrologues; les astrologues proprement dits (*astêroskopoi*) auxquels il veut bien avoir confiance, et les «mathématiciens généthlialogues» sur lesquels il ajourne son jugement[134]. On se demande si Artémidore n'entend pas par là réserver pour les prédictions astronomiques une créance qu'il refuse aux faiseurs d'horoscopes, ou s'il désigne par mathématiciens généthlialogues les calculateurs qui retrouvaient dans les noms propres les données du thème généthliaque.

En tout cas, il est obligé d'accepter les principes de l'astrologie et de se faire sur ce point le disciple de ses rivaux. «Il faut juger, dit-il, chaque astre considéré isolément soit d'après sa couleur, soit d'après sa grandeur, ou d'après son mouvement ou suivant la forme de ce mouvement, si l'on ne veut se tromper. Ceci deviendrait beaucoup plus clair en étudiant un traité d'astéroscopie. Chacun des astres produit des effets en harmonie avec son énergie propre[135].» Nous avons examiné d'assez près l'astrologie elle-même[136] pour ne pas nous attarder au reflet qu'elle projette dans l'onirocritique. Nous ne relèverons qu'un détail curieux qui montre jusqu'où l'astrologie étendait ses conquêtes et ses arguments. Certains de ses partisans avaient imaginé de mettre la main sur le monde des rêves et d'y transporter les biens et les maux que les astres annonçaient, mais ne pouvaient introduire dans la vie à l'état de réalité; à peu près comme les théologiens placent dans la vie d'outre-tombe la rectification de tous les torts de celle-ci. Artémidore proteste contre cette intrusion de doctrines qui n'allaient à rien moins qu'à supprimer son art au profit de l'infaillibilité astrologique. «Évite, dit-il à son fils, ces gens qui prétendent que les songes sont départis à chacun suivant sa naissance, les bons comme les mauvais. Ils disent que les astres bienfaisants, quand ils ne peuvent faire du mal, troublent et effrayent par le moyen des songes. Mais si cela était, les songes n'aboutiraient point, tandis qu'ils aboutissent, bons et mauvais, chacun suivant sa nature propre[137].» La réfutation est digne de la doctrine qui la provoque, et nous pouvons regarder le débat comme terminé: mais il y a là

---

[133] Io. Lydus, *De ostentis*, 45.
[134] Artemid., II, 69.
[135] Artemid., II, 36.
[136] Cf. *L'astrologie grecque*, du même auteur (nde).
[137] Artemid., IV, 59.

un indice du sans-façon avec lequel l'astrologie toute-puissante disposait des traditions les plus anciennes et les plus respectées. Artémidore repousse aussi la distinction, d'origine astrologique, entre les songes nocturnes et les songes diurnes [138]. Il sentait bien qu'une fois entré dans cette voie, on serait obligé de tenir compte de l'heure exacte, c'est-à-dire de la position des astres au-dessus de l'horizon, et que la science onirocritique renoncerait à son indépendance pour s'absorber dans l'astrologie.

Si l'onirocritique ne se hasardait que timidement à manier les principes astrologiques, elle s'emparait avec moins de scrupules des procédés mathématiques. Comme le mathématicien, l'onirocritique se livre à la supputation des lettres convertibles en chiffres, soit isolées, soit groupées en mots : il distingue, s'il lui plaît, les voyelles, les demi-voyelles et les consonnes, les ajoute ou les retranche, et établit ses conjectures sur les résultats [139]. En effet « avec les songes ingrats et qui n'ont pour ainsi dire pas d'anse, il faut s'ingénier par soi-même, surtout lorsqu'on y trouve des lettres qui n'ont pas de sens intrinsèque ou un nom qui n'a pas de rapport avec le reste. On est obligé tantôt de transposer, tantôt de changer ou d'ajouter des syllabes, parfois d'imaginer des équivalents [140]. »

La méthode des équivalents (*isopsêpha*) est la grande ressource des devins aux abois. Elle consiste à expliquer le sens d'un mot par un autre mot de même valeur arithmétique. La liste serait longue de ces rapprochements étranges relevés par Artémidore. Croirait-on que la hernie signifie une perte parce que *kêlê* vaut *phêmia* ; la belette, pour une raison semblable, un procès ; et que la lettre *rau* (= 100) a, de ce chef, un nombre considérable de sens différents ? Cependant Artémidore conseille d'être prudent et de ne se servir des équivalences que pour confirmer des rapprochements justifiables même en dehors du calcul [141]. Quant à l'anagramme, qui est une autre application du système des équivalents, le professeur d'onirocritique dit naïvement : « Lorsque tu expliqueras un songe à quelqu'un et que tu voudras avoir l'air plus capable qu'un autre, je te conseille de t'en servir ; mais n'en use jamais pour ton compte, parce que tu te tromperas [142]. »

Mais l'onirocritique emploie des méthodes de calcul plus originales encore. Il arrive parfois qu'on entend proférer en songe un nom de nombre ou un mot qui en tient lieu. Ce chiffre se rapporte d'ordinaire à la durée de la vie ; mais il

---

[138] Artemid., I, 7.
[139] Artemid., II, 70 ; III, 28, 34, 45 ; IV, 24.
[140] Artemid., I, 11.
[141] Artemid., IV, 24. Voy. une application, d'ailleurs assez obscène, de l'isopséphie (*prôktos* = *chrusos*) dans l'*Anthologie Palatine* (XII, 6).
[142] Artemid., IV, 23.

peut représenter des années, des mois ou des jours : il peut, en outre, représenter la somme totale de la vie ou seulement ce qui reste à courir. Il y a bien là déjà de quoi être perplexe. En effet, lorsqu'un individu entendit répondre : *ou* « Non ! » à une question par lui adressée, comment pouvait-on savoir que ces deux lettres qui, converties en chiffres et additionnées, font 70 + 400, indiquaient le nombre de jours qui lui restaient à vivre[143] ?

En général, les onirocritiques prenaient le parti de compter les chiffres pour des années et faisaient des efforts inimaginables pour ne pas sortir des limites du vraisemblable, c'est-à-dire pour ne pas dépasser le chiffre de cent ans, durée maximum de la vie humaine. Voici comment ils procédaient, en supposant qu'ils eussent affaire à des noms de nombre. « Ceux des nombres qui, écrits en toutes lettres, donnent une somme inférieure à 100, il faut les écrire, les calculer et prendre le résultat pour ce qu'il est. Il n'y en a que quelques-uns dans ces conditions ; un (*en*), une (*mia*), six (*eks*), dix (*déka*), onze (*endéka*), dix fois dix (*dékakidéka*). *Un* vaut 55, car il s'écrit par un *epsilon* (= 5) et un *nu* (= 50) ; *Une* vaut 51, ayant les lettres *mu* (= 40), *iota* (= 10) et *alpha* (= 1) ; *six* vaut 65, se composant de *epsilon* (= 5) et *ksi* (= 60). On trouvera de même que *dix* vaut 30 ; *onze* 85 ; et *dix fois dix* 90...[144] » Mais, lorsque les sommes ainsi obtenues dépassent 100, le système change. On ne compte plus les lettres, mais on prend la quantité telle qu'elle est énoncée et on y ajoute les unités comprises dans la progression arithmétique établie depuis l'unité jusqu'à ce chiffre. Ainsi le nombre *deux* (*duo*) qui, suivant la méthode précédente, vaudrait 474, « est représenté par 2 : en y ajoutant le chiffre 1, nous disons que cela fait 3. *Trois* additionné avec 2 et avec 1 donne 6 ; de même *quatre*, avec la somme des quantités antérieures, devient 10, et *cinq*, 15. »

Il fallait encore avoir soin de ne pas mêler les deux méthodes en additionnant, dans la seconde, des chiffres qui avaient dans la première une valeur propre ; le chiffre 1 étant seul, on ne sait pourquoi, excepté de cette règle. Ainsi, en évaluant *sept*, on éliminait le 6 et on obtenait 7 + 5 + 4 + 3 + 2 + 1 = 22.

Mais, même avec ces deux systèmes, on ne pouvait suffire à tout. Le premier est fort restreint, et le second ne donne plus de résultats acceptables au-dessus de *trente*, qui vaut 99. Il en fallut donc un troisième, fondé sur le numéro d'ordre des lettres-chiffres dans l'alphabet. Soit le nombre *quarante*. Le chiffre-lettre qui l'exprime est *mu*, douzième lettre de l'alphabet. Par conséquent, quarante vaut 12, cinquante (*nu*) vaut 13, et ainsi de suite.

---

[143] Artemid., II, 70.
[144] Artemid., IV, 22.

Ce n'est pas tout. Ces calculs ingénieux ne vont bien qu'aux quantités exprimées par un seul mot ou par une seule lettre. Pour les autres, il faut distinguer. «Si quelqu'un s'entend dire: "Tu vivras vingt-six ans", il faut séparer les deux quantités, prendre *vingt* pour 20 et *six* pour 65, comme on l'a vu plus haut. On a pour total 85.»

Si, en dépit de toutes les combinaisons, —dont nous n'avons pas, tant s'en faut, épuisé la liste,— le calculateur arrive à des quantités trop fortes, il se rejette alors sur les mois et les jours.

Le cas le plus embarrassant était peut-être celui qui se présentait lorsqu'un songe promettait à un homme déjà âgé un nombre d'années trop fort pour être ajouté à son âge actuel et trop faible pour représenter sa vie entière. On y avait pourvu. «Si un individu, âgé de soixante-dix ans, entend quelqu'un lui dire: "Tu vivras cinquante ans", il vivra encore treize ans. Car il ne saurait être question des années écoulées, puisque leur nombre dépasse cinquante, et, d'autre part, il est impossible que l'on ait cinquante ans à vivre quand on en a soixante et dix. Ainsi, l'individu vivra treize ans, parce que la lettre Λ (*lambda* majuscule), qui représente cinquante, occupe dans l'alphabet le treizième rang.»

On est presque tenté d'admirer les ruses d'une foi imperturbable qui transforme en preuves les difficultés mêmes contre lesquelles elle paraissait désarmée, et rien ne jette un plus grand jour sur l'histoire psychologique de l'humanité que ce prestige irrésistible des idées préconçues.

Les pages que nous venons de citer auraient pu entrer, sans modifications, dans un traité de divination arithmétique.

L'oniromancie, qui contient, comme on le voit, tous les procédés de la divination inductive, résume aussi fidèlement ceux de la mantique intuitive. Elle doit apprécier ces phénomènes que l'imagination surexcitée croyait parfois apercevoir durant la veille, mais qui ne sont nulle part plus visibles et plus significatifs que dans les songes, c'est-à-dire les apparitions, muettes ou parlantes, des morts et des dieux. Elle n'est pas non plus étrangère aux méthodes de l'inspiration intime, puisqu'on peut s'attribuer en rêve l'enthousiasme prophétique. Enfin, l'oniromancie a la faculté de s'engendrer elle-même, car le songeur peut avoir rêvé qu'il rêvait ou tout au moins qu'il dormait.

La divination par les songes est donc bien une science encyclopédique. Elle s'associe de si près aux autres branches de l'art mantique qu'elle se trouve être à chaque instant leur tributaire et qu'on a peine à lui réserver un domaine propre où elle n'ait rien à apprendre que d'elle-même. Ce domaine, elle se l'est fait cependant et elle y a trouvé gloire et profit. Il n'est pas une méthode divinatoire qui lui ait disputé la clientèle des malades. L'*iatromantique*, ou divination appliquée à la médecine, a tenu, dans l'histoire religieuse de la Grèce, une place considérable. Exercée d'abord au nom des anciennes divinités telluriques, puis transmise par le centaure Chiron, fils de Kronos, aux dieux Olympiens, et représentée depuis lors par le fils d'Apollon, Asklêpios (Esculape), associé pour cet office philanthropique au dieu égyptien Sérapis, elle a, pendant huit siècles, consolé, nourri d'espérances surnaturelles et parfois, l'expérience aidant, guéri les malades qui venaient dormir et rêver dans ses sanctuaires. Elle s'est imposée par là à la foi des peuples, et sa domination s'était, avec le temps, si bien affermie que le christianisme lui-même n'a pu la lui arracher autrement qu'en imitant ses procédés et en surpassant ses miracles [145].

Nous aurons occasion, en parlant des oracles d'Asklêpios et de Sérapis, d'étudier de plus près l'incubation iatromantique. Il nous suffit de compléter l'exposé de la méthode générale en indiquant la manière de convertir les songes en prescriptions médicales. Le procédé n'est qu'une application particulière du symbolisme employé par l'exégèse onirocritique. Il n'y a, entre un songe ordinaire et un songe iatromantique, qu'une seule différence ; c'est que ce dernier, envoyé, dans un but déterminé, par un dieu médecin, en un lieu spécialement destiné aux consultations médicales, doit contenir des données qu'il faut utiliser soit pour le diagnostic, soit pour le pronostic, soit enfin pour le traitement. Le champ des recherches se trouve parlà circonscrit, et l'homme de l'art est invité à choisir, parmi les interprétations possibles du même symbole, celles qui e rapportent à la question posée [146]. Parfois le dieu voulait bien n'envelopper ses conseils que d'un voile transparent. Ainsi, un individu malade de l'estomac, ayant demandé une ordonnance à Asklêpios, rêva qu'il entrait dans le temple du dieu, et que le dieu, lui tendant sa main droite, lui donnait ses doigts à manger. Il guérit en mangeant cinq dattes, car les gousses du palmier s'appellent des « doigts [147] ». Artémidore prétend même qu'il en était toujours ainsi, et s'élève contre les exégètes trop ingénieux qui, pour faire preuve d'esprit, calomnient les médecins célestes. Un dieu qui indiquerait du poivre en faisant paraître des Indiens, ou un coing en montrant un mouton de Crète, parlerait pour n'être pas compris et se moquerait de son malade. « Les ordonnances des dieux sont toujours simples et sans énigme ; les dieux appellent les onguents, les emplâtres, les comestibles et les boissons des mêmes noms que nous, ou bien, lorsqu'il faut deviner, ils ont soin

---

[145] Voyez A. Maury, *Rev. Archéo.*, VI, p. 444 ; VII, Relig. de la Grèce antique, II, p. 457. Il suffit d'indiquer, comme modèle d'incubation sacrée au moyen âge, les guérisons opérées au tombeau de saint Martin de Tours.

[146] Artemid., IV, 22.

[147] Artemid., V, 89.

d'être clairs. Ainsi, une femme qui avait un phlegmon au sein rêva qu'un mouton la tétait. Elle fut guérie par un cataplasme d'*arnoglosse* (langue d'agneau). Lorsque vous tombez sur un traitement, que vous l'ayez expliqué vous-même ou que vous en entendiez parler après coup, vous trouverez toujours, en y regardant de près, qu'il contient des choses parfaitement médicales et qui ne sortent pas de la doctrine suivie en médecine. Ainsi, Fronton le goutteux, ayant demandé une recette, rêva qu'il se promenait dans les faubourgs (*proasteïon*) ; il se frotta de *propolis* [148] et fut soulagé. »

La conclusion qu'en tire Artémidore, c'est qu'à toutes ses autres connaissances l'onirocritique doit joindre celle de la médecine. C'est, du reste, une étude à laquelle se livraient les desservants des oracles d'Esculape, créateurs de la médecine scientifique, qui mettaient d'accord la révélation et la science en tirant celle-ci de celle-là, en donnant l'une comme le résumé des expériences indiquées par l'autre.

Nous pouvons maintenant mesurer du regard la compétence presque illimitée de l'onirocritique, qui pouvait se vanter d'être à la fois la plus anciennement connue, la plus commode, la plus prompte et la plus utile de toutes les méthodes divinatoires. Il reste pourtant à examiner une question subsidiaire qui n'intéresse pas seulement l'onirocritique, mais la divination en général.

Dans les songes obtenus par incubation, les dieux suggèrent les moyens de prévenir des malheurs qui ne sont point inévitables. On peut en dire autant de ces songes envoyés spontanément, en guise d'avertissements utiles, à des personnes qui, ainsi mises en garde, ont pu détourner le coup dont elles étaient menacées. Mais, en présence d'un songe funeste, plein de menaces et vide de conseils, que fallait-il faire ? N'y avait-il absolument qu'à se résigner et attendre ? Un stoïcien eût été de cet avis, mais le vulgaire, la clientèle ordinaire des devins, demandait à la mantique autre chose que des condoléances fatalistes. La connaissance de l'avenir eût été considérée comme un mal, si elle n'avait abouti qu'à encombrer la vie de désespoirs sans remède. Artémidore ne paraît pas s'être préoccupé de cette question. Il pense sans doute, avec le sens commun ordinaire, que la plupart des prédictions sont conditionnelles et qu'un homme menacé d'un naufrage échappera au danger s'il évite de s'embarquer. Mais une pareille recommandation ne satisfaisait guère ceux qui connaissaient les nombreuses légendes et histoires fabriquées dans le but de montrer combien la destinée est

---

[148] Artemid., IV, 22. *proasteïon* et *propolis* ont même composition et même sens. La *propolis* indiquée par le songe est une matière résineuse avec laquelle les abeilles construisent et ferment le vestibule de leur demeure.

inévitable et comment on va au-devant de ses arrêts en s'efforçant de parer ses coups. La religion grecque, qui s'est assimilé de bonne heure et a souvent couvert de sa garantie les pratiques divinatoires, n'a pas su achever ce merveilleux instrument de domination morale : elle n'a pas assez compris qu'après avoir satisfait le besoin de connaître l'avenir, il fallait satisfaire le besoin plus impérieux encore de le modifier. Elle recommandait bien, d'une manière générale, les sacrifices aux dieux qui détournent les maux (*apotropaïoi*) [149] : mais le commun des hommes préfère à des conseils vagues des recettes précises, capables de « paralyser » les présages funestes [150]. Aussi fut-elle souvent délaissée pour des pratiques occultes, pour des dieux étrangers, moins avares de promesses [151]. Elle transigea elle-même avec ces superstitions du dehors, accueillant, dans les plus respectés de ses cultes, les rites des purifications (*katharmoi*). Mais elle n'alla pas plus loin et garda le silence sur des questions pareilles à celle que nous agitons en ce moment.

Aussi est-ce en dehors d'elle que se sont élaborées certaines recettes propres à détourner l'effet des songes malheureux. « Les anciens, dit le scoliaste de Sophocle, avaient coutume, après un songe malheureux, de le raconter dès le matin au soleil, afin que celui-ci, qui est contraire à la nuit, rendît l'événement opposé au songe [152]. » Nous voyons en effet l'Iphigénie d'Euripide raconter au soleil un songe qu'elle a eu [153]. Les Romains, en pareil cas, prenaient Vesta pour confidente [154]. D'autres avaient recours à des purifications analogues aux Katharmes ; ils se lavaient dans l'eau, surtout dans l'eau de mer, chaude ou froide, ou se roulaient dans la boue [155]. Plutarque, qui voudrait conserver le culte national dans sa pureté et sa simplicité originelle, déplore ces ridicules emprunts faits aux superstitions barbares. « Redoutez-vous un fantôme de songe ?... Faites venir la vieille sorcière qui purifie les gens en les frottant de drogues ; plongez-vous dans la mer, passez des jours entiers assis par terre. Vous avez inventé de vrais maux de Barbares, ô Hellènes... Vous avez accrédité les immersions dans la fange et dans la bourbe, les observations du sabbat, les pratiques qui consistent à se jeter la face contre terre, à s'accroupir honteusement, à professer des adorations étranges [156]. »

Les partisans de la religion nationale avaient beau faire ; les aberrations dont

---

[149] Cf. les *Dii averrunci* des Romains.

[150] Fulgence traduit le terme *paralysis* employé en ce sens, par *eventuum immulatio* (Fulg. *Myth.*, III, 40).

[151] Plut., *Legg.*, X, 15, p. 520.

[152] Soph., *Electr.*, 424.

[153] Eurip., *Iphig. Taur.*, 43 sqq.

[154] Propert., *Eleg.*, II, 29, 27.

[155] Schol. Aristoph. *Ran.*, 1340. 1378.

[156] Plut., *De superstit.*, 3.

il se plaignaient tenaient à une lacune de cette religion elle-même qui, en favorisant le développement de la divination, s'obligeait par là même à fournir les moyens de lutter contre la destinée, et qui, cependant, laissait ses fidèles désarmés en face de l'avenir. Le génie rationaliste de la Grèce avait fermé trop tôt l'ère des créations religieuses ; celles-ci étaient restées incomplètes et on ne parvenait à les étayer qu'avec des matériaux disparates, empruntés à l'Orient. Celui qui ne se sentait pas assez d'énergie pour opposer à de sinistres présages la ferme volonté d'agir en homme libre ou le souci du devoir, qu'un Hector déclare « le meilleur des auspices, » allait noyer ses mesquines terreurs dans les purifications orientales. Une religion ne peut retenir autour d'elle les âmes vulgaires, modelées sur le type moyen de l'humanité, qu'en mettant à leur disposition des garanties palpables de bonheur, des symboles matériels derrière lesquels elles se croient protégées contre les assauts du dehors et, au besoin, contre leur propre conscience.

L'histoire de la divination tout entière démontre avec la dernière évidence que le sentiment plie la raison à ses exigences et que les illusions aimées n'ont pas besoin de preuves. La vogue ininterrompue de l'oniromancie est d'autant plus digne d'être notée, à ce point de vue, que ce genre de divination, dépouillé de toute solennité extérieure et réellement populaire dans la pleine acception du mot, était soumis, tous les jours et pour tout le monde, au contrôle de l'expérience. Les innombrables déceptions éprouvées par les clients des onirocritiques pendant des siècles n'ébranlèrent pas la foi dans le caractère surnaturel des songes, et l'on répéta dans tous les âges ce qu'Ammien Marcellin dit après tant d'autres, que : « la certitude des songes serait entière et indubitable, si les interprètes ne se trompaient pas en raisonnant leurs conjectures [157]. »

La philosophie ne toucha qu'avec le plus grand ménagement à cette croyance, qui pouvait invoquer en sa faveur le consentement universel. Elle n'osa pas révoquer en doute des faits qui remplissaient toutes les légendes et toutes les histoires [158], ou attaquer, même indirectement, une science qui pouvait paraître ridicule chez les devins de la rue, mais dont la clientèle des oracles médicaux attendait son salut. Les philosophes justifièrent, au contraire, la foi générale par des théories ingénieuses qui ne prouvaient rien, mais expliquaient tout. Les stoïciens, champions zélés de la divination, se distinguèrent, comme toujours, dans l'art de conduire le raisonnement à un but marqué d'avance. À tous les arguments amassés par le scepticisme académique pour harceler les partisans de

---

[157] Amm. Marc., XXI, 1, 12.
[158] Sur le rôle des songes dans la dramaturgie grecque, voy. J. Girard, *le Sentiment religieux en Grèce*, p. 457 sqq.

la divination oniromantique, les stoïciens opposaient les recueils de faits qu'ils compilaient de toutes parts.

Du reste, ces arguments sont plutôt des questions, auxquelles un seul fait bien constaté imposerait silence, que des réductions à l'absurde qui forceraient à interpréter d'autre manière les faits les plus certains. Quand Cicéron les jette coup sur coup à son interlocuteur chargé du rôle des stoïciens, on sent bien qu'il a raison et que le parti pris peut seul résister à cet assaut du bon sens ; mais il ne démontre pas que l'invraisemblable ne puisse pas être vrai. Les songes, avec leurs énigmes puériles et souvent inintelligibles, ne sont pas un langage digne des dieux, qui pourraient et devraient parler plus clairement, s'ils veulent que leurs avis soient utiles. Sans doute : mais on répondra que les dieux choisissent les moyens qu'il leur plaît et qu'à tout prendre, ils eussent été moins sages si, comme le voudrait le critique, ils avaient parlé aux gens éveillés, ou en termes catégoriques, ou s'ils avaient épargné leurs avertissements à ceux qui font fi des songes ; car ils auraient, de cette façon, porté atteinte à la liberté humaine.

Les songes, poursuit le raisonneur, peuvent s'expliquer sans l'intervention du merveilleux, et le hasard suffit à produire les coïncidences constatées entre les songes et les événements. Soit : mais c'est bien là une théorie, qui ne saurait infirmer une théorie fondée sur des principes différents. On peut même dénier toute valeur scientifique aux procédés d'exégèse sans supprimer pour cela le fait de la révélation par songes. Il resterait seulement à attendre d'une plus longue expérience le secret du langage divin. « Un coureur, dit Cicéron [159], au moment de figurer à Olympie, rêva qu'il était devenu aigle. Un interprète lui dit : Tu as remporté la victoire, car il n'y a pas d'oiseau qui ait le vol plus rapide que celui-là. Lourdaud, dit Antiphon au même individu, ne vois-tu pas que tu es battu ? L'aigle est un oiseau qui pourchasse et poursuit les autres, et qui, par conséquent, vient toujours derrière [160] ! » Le trait est plaisant ; mais, loin de discréditer l'oniromancie, l'anecdote montre comment elle pouvait devenir une science expérimentale. L'issue du concours dut décider entre les deux interprétations proposées et ajouter un arrêt à la jurisprudence onirocritique.

La réputation d'Antiphon et d'Aristandros de Telmesse, comme le grand nombre d'auteurs qui ont écrit sur les songes, montrent bien que, au-dessus de ces « conjecteurs » de bas étage, que Cicéron déclare « absolument vides et ignorants [161], » il y avait une tradition régulière, maintenue par des hommes sérieux

---

[159] Cic., *Divin.*, II, 60 sqq.
[160] Cic., *Divin.*, II, 70.
[161] Cic., *Divin.*, II, 63.

et instruits, auxquels il faut ajouter les desservants des oracles médicaux. On ne peut guère noter dans les annales de l'oniromancie de ces périodes de grande faveur ou de complet délaissement que l'on rencontre chez d'autres spécialités. Cette méthode a fonctionné d'une manière continue, suffisant aux besoins de chaque jour et marquant çà et là sa trace dans l'histoire, lorsque quelque grand événement pouvait se résumer en un songe légendaire, comme la ruine de Troie dans le songe d'Hécube, la fondation de l'empire de Cyrus dans celui de Mandane, la chute de la royauté à Rome dans le songe de Tarquin.

Ainsi consacrée par la tradition, respectée par la science, installée dans les habitudes de la vie intime, elle a été la forme ordinaire, normale et comme naturelle d'une révélation dont nous allons étudier la forme accidentelle dans les apparitions des morts et des dieux.

# CHAPITRE DEUXIÈME :
## DIVINATION NÉCROMANTIQUE [162]

L'oniromancie mène, par une transition insensible, à la nécromancie ou révélation par les âmes des morts [163].

Il suffit, pour passer de l'une à l'autre, que le consultant perçoive, dans l'état de veille, des images ou des sons qui ont souvent hanté ses rêves [164]. Il n'y a, entre les deux procédés, d'autre ligne de démarcation que cette limite incertaine qui sépare la veille du sommeil ou, plus exactement, l'hallucination du rêve.

Ceux qui allaient dormir sur les tombeaux pour obtenir des songes révélateurs [165] voyaient sans doute, la plupart du temps, le défunt dont ils invoquaient l'assistance leur apparaître. L'impression pouvait être assez vive pour qu'il ne fût pas toujours facile de décider si la vision les avait trouvés éveillés ou endormis ; si l'ombre aperçue ou la voix entendue avait ou non une réalité objective. On croyait même, nous l'avons vu, à la réalité substantielle des apparitions entrevues durant le sommeil ; les histoires, comme les poèmes épiques ou dramatiques, sont remplies d'incidents de ce genre, surtout de morts demandant une sépulture ou des vengeurs par la voie des songes [166]. Ces fantômes étaient ou les ombres mêmes des morts, sorties des demeures souterraines, ou des images façonnées à leur ressemblance, comme les Songes homériques, également logés dans les entrailles de la terre. À ce point de vue, l'oniroscopie est aussi voisine de la nécromancie que le « peuple léger des songes » est près des morts [167].

Si l'on ajoute que, dans l'incubation, le songe est attendu, provoqué par des lustrations, des sacrifices, des prières, c'est-à-dire par des pratiques analogues à celles des évocations, on voit s'évanouir peu à peu les différences caractéristiques

---

[162] N. Frébet, Sur les oracles rendus par les âmes des morts, 1749. (*Mém. de l'Acad. des Inscript.*, XXIII, p. 174-186.)

[163] *Nekuomantéia — nékromantéia — psychomantéia — skiomantéia.* De *nécromancie*, interprétée comme *nigromancie*, vint au moyen âge la magie noire, celle qui se servait des démons.

[164] C'est ainsi que, selon Zosime, Serena, femme de Stilicon, poursuivie d'imprécations par une Vestale, pour avoir enlevé un collier à Cybèle, eut souvent « soit en dormant, soit en veillant, » une vision qui la menaçait de mort. (Zosim., V, 38.)

[165] Cyrill. adv. Julian., X, p. 339.

[166] Eschyle fait apparaître l'ombre de Clytemnestre, celle de Darius, les Erinyes en personne ; tandis qu'Euripide, dans son *Oreste*, se contente de l'hallucination. Voy. J. Girard, *le Sentiment religieux en Grèce*, p. 487 sqq.

[167] « L'âme, dit Anticlée à Ulysse, voltige comme un songe. » (Hom., *Odyss.*, XI, 222.)

que l'on croyait d'abord apercevoir entre deux procédés si voisins [168]. Il ne reste, en somme, comme distinction essentielle, que l'état du consultant qui veille ou dort en attendant les ombres révélatrices.

Il est difficile de dire à quelle époque les Grecs ont eu l'idée de faire comparaître devant eux, sans recourir au sommeil, les ombres des morts. La célèbre «nékyomancie» de l'*Odyssée* est le plus ancien document que nous possédions sur la matière, car il ne faut attacher aucune importance aux traditions de fabrique récente, suivant lesquelles le fabuleux Orphée aurait évoqué Eurydice, et Médée, ressuscité Éson. Or, la rhapsodie homérique offre le récit, non pas d'une évocation pure et simple, mais d'un voyage aux enfers, ce qui est sensiblement différent. Lobeck en a même conclu que «la psychomancie est plus récente qu'Homère, car, si l'on eût connu de son temps ce procédé, il n'aurait pas eu besoin de conduire Ulysse aux enfers [169]. » Pourtant cette réflexion est plus spécieuse qu'exacte, attendu que, si Ulysse va aborder à l'autre rive de l'Océan et pousse jusqu'au confluent du Pyriphlégéthon et du Cocyte, il ne pénètre pourtant pas chez les morts, mais les évoque en les alléchant par l'odeur du sang.

Le héros exécute à la lettre les prescriptions de la magicienne Circé. «Tu creuseras, lui avait-elle dit, une fosse d'une coudée en tous sens, et tu feras des libations pour tous les morts; la première sera du lait mélangé du miel; la seconde, d'un vin délectable; la troisième, d'eau limpide : tu répandras ensuite de la pure fleur de farine. Cependant invoque les têtes sans force des morts. Lorsque tu auras imploré l'illustre essaim des morts, tourne-toi vers l'Érèbe, plonge de loin tes regards avides sur le cours du torrent, immole à l'instant un bélier et une brebis noirs, et tu verras en foule accourir les âmes de ceux qui ne sont plus. Ordonne alors à tes compagnons de dépouiller les victimes, de les consumer et d'adresser des prières aux dieux, surtout au puissant Pluton et à l'inexorable Perséphone [170]. »

Il y a bien là un rite complet d'évocation, et le poète en indique clairement le caractère magique. La nécromancie n'est, en effet, possible qu'avec le concours de la magie, et c'est là l'unique raison pour laquelle Varron la disait importée de la Perse, le pays des Mages [171].

En examinant de près la fiction homérique, on relève quelques différences notables entre la nécromancie telle que la comprenait l'auteur et celle des âges

---

[168] Aussi le nom de *psychomanteion* se rencontre-t-il appliqué à un oracle fonctionnant par incubation. (Plut., *Consol. Apoll.*, 14, 48.)
[169] Lobeck, *Aglaophamus*, p. 316.
[170] Hom., *Odyss.*, X, 517-534. (Trad. p. Giguet.)
[171] Varr. ap. Aug. *Civ. Dei*, VII, 35.

postérieurs. D'abord, le poète ne suppose pas que l'évocation puisse se faire en tous lieux, ni même sur le sol habité par les vivants ; il faut aller jusque chez les morts, à la porte de leur demeure. C'est là une exigence qui, maintenue jusqu'au bout, rendrait la pratique de la nécromancie impossible. Dépouillée de toute exagération poétique, elle signifie que l'évocation des morts devait être tentée dans ces lieux abandonnés et funestes où la croyance populaire plaçait l'entrée des enfers, et nous verrons, en effet, les soupiraux d'enfers, les *Plutonia* ou *Charonia*, devenir plus tard le siège d'oracles nécromantiques ou le théâtre d'évocations isolées.

Le progrès de la théorie, sur ce point, fut de rendre les évocations possibles ailleurs. L'idée la plus naturelle était d'évoquer les morts sur leurs propres tombeaux. C'est celle qui préside à la fondation des oracles héroïques. Ces oracles fonctionnaient par incubation ; mais leur raison d'être est une théorie nécromantique, et on retrouve encore dans le plus ancien de tous, celui de Trophonios, les rites effrayants de l'évocation. On imagina enfin, lorsque les doctrines spiritualistes eurent rendu les âmes plus indépendantes de leurs logements souterrains [172], d'inviter les morts à des colloques dont ils pouvaient jusqu'à un certain point déterminer le lieu. L'évocateur se servait pour cela d'un bélier noir, qu'il faisait marcher debout et qui se couchait à l'endroit précis où devait avoir lieu la cérémonie magique.

L'auteur de l'*Odyssée*, qui ne connaît pas l'évocation praticable en tous lieux, ne semble pas connaître davantage l'évocation individuelle, l'invitation précise adressée à un mort particulier et entendue de lui seul. Ulysse, pour amener devant lui Tirésias, fait sortir de l'Érèbe tout un essaim d'ombres, qu'il est obligé d'écarter avec son épée. Et ce n'est pas là un accident fortuit : Circé lui avait bien ordonné de faire des libations « pour tous les morts ». La nécromancie pratique n'oblige pas ainsi ses adeptes à passer en revue tous les sujets de Pluton ; on n'entend pas dire qu'elle ait jamais fait autre chose que des évocations isolées.

Enfin, le récit homérique n'offre pas trace d'une idée plus tard répandue, suivant laquelle les morts acquièrent dans l'autre monde des connaissances refusées aux vivants et, particulièrement, le pouvoir prophétique. Tirésias a conservé le génie divinatoire que Zeus lui avait donné autrefois, ou plutôt il le retrouve en buvant le sang des victimes, mais les autres ombres ignorent ce qui se passe sur la terre, à plus forte raison, l'avenir.

Si les Grecs s'en étaient tenus à cette conception primitive, la nécromancie proprement dite, ou divination par les morts, n'aurait guère eu occasion de

---

[172] Autrement dit, lorsque la *nécromancie*, ainsi affinée, devint de la *psychomancie*.

troubler l'apathique quiétude des régions où coule le Léthé[173]. Mais les âmes délivrées de la prison du corps furent assimilées par le platonisme aux génies et initiées comme eux, avec eux et par eux, à tous les secrets de la création[174]. On supposa dès lors qu'elles connaissaient les décrets du destin et qu'elles avaient pouvoir d'en instruire les vivants. Un étymologiste ingénieux expliquait même de cette façon le nom d'Orcus que les Romains donnaient au dieu ou au séjour de la mort. Orcus, d'après lui, signifiait serment, comme le mot grec *orkos*, et ce serment était celui que les âmes des défunts prêtaient pour s'engager « à ne pas aider, contrairement aux destins, ceux qu'elles ont laissés en vie[175] ». Il fallait bien, pour tenir leur parole, qu'elles fussent informées des arrêts du destin.

Les cérémonies qui provoquaient les apparitions agissaient par elles-mêmes, avec le pouvoir irrésistible des recettes magiques. Circé, dans la cérémonie qu'elle indique à Ulysse, n'en est pas encore à cette doctrine brutale. Ce ne sont pas des ordres, mais des prières et des promesses qu'Ulysse va porter aux morts. Il ne les somme pas de comparaître ; il les y invite en versant pour eux du lait, du vin, de l'eau et du sang. Quand Eschyle fait évoquer Darius par Atossa, c'est aussi par des libations variées, des chants et des prières que l'on appelle le grand roi. C'est également par une sorte de discrétion respectueuse qu'on évitait de consulter deux fois la même ombre[176].

Ce contrat amiable avec les morts est plus conforme à l'esprit hellénique que la foi aux agents matériels de la magie ordinaire. Mais il fallait, pour qu'une ombre pût quitter momentanément son séjour, que Pluton le lui permît et qu'Hermès se chargeât de l'accompagner à l'aller et au retour[177]. Les formules d'évocation devaient donc contenir des supplications à l'adresse de ces divinités psychagogiques[178] qui ne passaient pas pour faciles à attendrir.

On pensait que les âmes jouissaient d'une plus grande liberté et apparaissaient plus facilement lorsqu'elles n'étaient pas encore entrées dans les enfers, c'est-à-

---

[173] Il aurait pu y avoir des évocations destinées à apaiser les ombres, mais non à les interroger sur des secrets ignorés d'eux pendant leur vie. Nitzsch (ad *Odyss.*, X, p. 152) distingue avec raison entre les *psychomantéia* divinatoires et les *psychomantéia* expiatoires.

[174] Le platonisme aida à développer ces croyances en multipliant les histoires d'âmes envolées momentanément de leurs corps et y rentrant pourvues de connaissances surnaturelles. Tels sont les récits concernant Er l'Arménien, Hermotime de Clazomène, Thespésius de Soles, Aristeas de Proconnèse, et les visions extatiques de Pythagore et d'Empédocle.

[175] Serv., *Georg.*, I, 277.

[176] Serv., *Georg.*, IV, 503.

[177] Lucien, *Dial. Deor.*, VII, 4 ; XXIV, I. *Dial. mort.*, XXIII, 3. Théocrite (*Idyll.*, XV) se place en dehors de la tradition courante, en faisant ramener l'âme d'Adonis par les Heures. Hermès psychopompe est le conducteur né des ombres comme il est le guide des songes.

[178] Voy. Hom., *loc. cit.* Pind., *Olymp.*, IX, 50.

dire aussi longtemps que le corps n'était pas enseveli suivant les rites tradition-
nels [179]. Une doctrine plus raffinée voulait que les âmes fussent errantes tant
qu'on gardait les habits des morts au lieu de les brûler avec les cadavres [180]. Cela
n'empêchait pas d'évoquer sans peine des morts bien archaïques et dont il eût été
bien difficile de garder les habits, Orphée, Phoronée, Cécrops, qui apparaissaient
dès qu'on leur sacrifiait un coq avec des formules spéciales [181]. Apion évoqua Homère pour se renseigner sur la patrie du poète [182], et Apollonius de Tyane rappela
des enfers Achille lui-même [183]. On disait aussi, et c'était une superstition assez
répandue, que l'âme se trouvait enchaînée à jamais dans l'autre monde par la
mutilation du corps, car elle avait honte de se montrer sous des traits hideux.
C'est la raison pour laquelle Ménélas avait si cruellement traité le cadavre de
Déiphobe [184]. De semblables précautions indiquent que si certaines imaginations
malades cherchaient des entrevues avec les morts, d'autres, soi-disant plus saines,
redoutaient les pérégrinations spontanées des revenants.

Jusqu'ici, au risque de sortir de la divination subjective, nous avons parlé de
toutes ces croyances en nous plaçant au point de vue de ceux qui les partageaient,
en acceptant les rites nécromantiques comme des recettes efficaces et les évocations comme des faits. Les Grecs et les Romains n'ont jamais nié la possibilité de
ces communications avec l'autre monde, et la religion officielle n'élevait point de
barrière infranchissable entre les vivants et les morts.

Les offrandes sur les tombeaux ont fait de tout temps partie du culte ; les repas
offerts à Hécate dans les carrefours et, chez les Romains, les précautions usitées
pendant les trois nuits des Lemuria attestent que l'on croyait aux promenades
nocturnes des revenants. La foi aux apparitions spontanées ne permettait pas
d'opposer une fin de non-recevoir aux apparitions provoquées par des moyens
artificiels. Une croyance ferme engendre elle-même ses preuves et il n'est pas impossible qu'il y ait eu des nécromants sincères. Les augures Appius et Vatinius,
contemporains de Cicéron, bravaient les sarcasmes d'une génération sceptique

---

[179] Lucain, *Phars.*, VI, 519.
[180] Herod., V, 92. Lucien, *Philos.*, 27. En général, les magiciens évoquaient plus facilement une
âme dont le corps leur était livré, et Porphyre (*Abstin.*, II, 47) explique le fait par l'affinité qui
persiste après la mort entre ces deux composants de notre être.
[181] Theod. Gaz., *Theophr.*, 24.
[182] Plin., XXX, 2, 18.
[183] Philostr., *Vit. Apoll.*, IV. 18.
[184] Virg. *En.*, VI, 494. Ces suppositions se retrouvent dans les idées que se font les Grecs mo-
dernes de leurs Broucolaques ou vampires. Voy. B. Schmidt, *Das Volksleben der Neugriechen*,
1871.

pour faire des expériences que la rumeur publique disait abominables[185]. L'ardeur des nécromants, ou tout au moins celle de leurs clients, était excitée par l'attrait des émotions fortes[186], et aussi par l'idée que nulle autre méthode ne pouvait donner une certitude égale. « Les trépieds et les interprètes des dieux se contentent de réponses obscures. Celui-là se retirera renseigné d'une entrevue avec les ombres qui cherche la vérité et s'adresse courageusement aux oracles de la dure mort[187]. »

On se demande, il est vrai, comment cette foi pouvait se soutenir et résister aux déceptions au-devant desquelles courent ceux qui tentent l'impossible. Nous ne saurions dire combien, dans le nombre des croyants, étaient dupes de leur imagination et combien dupes de l'habileté d'autrui[188], mais il faut s'incliner devant le fait psychologique bien constaté et se rappeler que les évocations d'esprits recrutent encore des adeptes parmi nos contemporains.

Du reste, ce serait une erreur de croire que les conjurations nécromantiques dussent toujours avoir pour résultat l'apparition visible et presque palpable d'une ombre semblable à la personne invoquée. On se contentait à moins. Souvent, on ne demandait aux morts que de faire entendre leurs voix et les nécromants ventriloques ou *engastrimythes*[189] arrivaient facilement à produire l'illusion désirée,

---

[185] Cic., *In Valin.*, 6.

[186] Il ne nous reste des rites nécromantiques que des descriptions faites par des poètes (Lucain, *Phars.*,VI, 420-761. Stat., *Theb.*, IV, 406 sqq) et des romanciers (Apul. *Metamorph.*, II, 28-30 ; Heliodor., *Æthiop.*, Vi, 14 sqq.) ; mais, dans ces tableaux de fantaisie, dont on ne peut garantir l'exactitude, il y a beaucoup de traits empruntés aux usages réels. (Cf. Dio. Cass., LXXVII, 45).

[187] Lucain, *Phars.*, VI, 770.

[188] Il était facile de projeter des images soit sur des écrans, soit sur des vapeurs ou fumées narcotiques qui aidaient, par leur action physiologique, à l'illusion. Voy., plus loin, les artifices lécanomantiques.

[189] On les appelait encore *engastrimantès, engastritaï, gastromanteïs, enteromanteïs, puthomanteïs, puthônès*, et aussi *Euryaleïs*, d'un certain Eurydès, ventriloque célèbre auquel Aristophane se compare dans la parabase des *Guêpes*. L'application de la ventriloquie à la nécromancie a été l'objet d'un débat très vif entre les docteurs chrétiens à propos de l'évocation de l'ombre de Samuel à Endor (I *Reg.*, XXVIII). Origène enseignait que l'ombre de Samuel avait été réellement évoquée. Il résultait de là que les âmes les plus saintes étaient à la discrétion de pratiques flétries par l'Écriture elle-même. Eustathe d'Antioche —ou, sous son nom, L. Allacci— protesta avec indignation. D'après lui, les nécromants ne peuvent, sans la permission de Dieu, évoquer même « l'âme d'une fourmi ou d'une puce, » à plus forte raison l'âme d'un saint prophète endormi dans le Seigneur. Le Samuel que Saul crut voir n'était qu'un démon ou, si l'on veut, un fantôme fabriqué par le démon qui possédait la pythonisse. Si cette ombre a paru prophétiser, elle l'a fait au moyen d'un plagiat, en empruntant des paroles antérieures de Samuel lui-même. L. Allacci a paraphrasé le débat avec son érudition désordonnée et prolixe, et je renvoie à sa dissertation (*Syntagma*, p. 415-532), pour plus amples détails sur les esprits de Python ou Eury-

soit à l'insu du client, soit en se donnant pour les instruments des esprits. Les plus timides demandaient seulement à voir les morts en songe, et la nécromancie retournait, de cette façon, par un léger écart, à la méthode toujours parallèle de l'oniromancie.

La nécromancie proprement dite, ou évocation des morts, était trop solennelle pour entrer dans la pratique ordinaire.

Elle était faite pour les grandes passions et les circonstances exceptionnelles. Les magiciens la remplaçaient avec avantage par les « oracles d'Hécate [190] » qui tenaient de l'oniromancie, de la nécromancie et même de l'astrologie, parce qu'Hécate était à la fois la Lune et la reine des morts et que les consultants pouvaient la voir soit en songe, soit à l'état de veille. Du reste, toutes les apparitions d'ombres, de génies et, en général, de tous êtres surnaturels, se logeaient très commodément dans le bassin hydromantique dont il a déjà été question dans le recensement des méthodes inductives.

La lécanomancie intuitive était une façon on ne peut plus bénigne [191] de voir les êtres invisibles sans affronter des émotions redoutables. Voici comment ceux qui trafiquaient de ces consultations procédaient pour offrir aux regards de leurs clients des ombres ou des génies. « Lorsqu'ils ont préparé une chambre obscure dont le plafond est peint en bleu, ils placent, au milieu, par terre, un bassin plein d'eau où la couleur du plafond produit par réflexion l'aspect du ciel. Le bassin, quoique en pierre, a un fond de verre, et au-dessous se trouve, dans le plancher, une ouverture dissimulée. Plus bas, il y a une pièce, cachée aussi, dans laquelle se réunissent les compères, costumés en dieux ou en génies, selon ce que le magicien veut faire voir. Le client abusé s'ébahit à cette vue, et est prêt à croire tout ce qu'on lui dira [192]. »

Le bassin n'était qu'une des ressources de ces théâtres magiques. « L'opérateur, s'il veut faire un génie enflammé, dessine la figure sur le mur et la frotte d'une drogue inflammable ; puis, comme saisi d'un délire fatidique, il en approche

---

clées et leur rôle dans la nécromancie. (Eustathe d'Antioche, *Comm. in Hexam. Origenis* — *De Engastrimytho adversus Origenem* ; item *Origenis de eadem Engastrimytho*, ed. Leo Allatius., *De Engastrimytho syntagma*, Lugdun. 1629.)

[190] Sur les oracles d'Hécate, voy. Euseb., *Praep. Evang.*,, III, 16 ; V, 12, etc.

[191] Cependant, la lécanomancie partageait la mauvaise réputation de toutes les méthodes nécromantiques. On y évoquait souvent des enfants, et la rumeur publique prétendait qu'on les égorgeait pour se servir de leurs esprits.

[192] Le bassin enchanté produisait aussi, au besoin, chez des enfants vivants, l'enthousiasme prophétique. Apulée, dans son *Apologie* (§ 42), rapporte, d'après Varron, qu'un enfant, « contemplant dans l'eau le simulacre de Mercure, a prédit aux Tralliens, en un oracle de cent soixante vers, l'issue de la guerre engagée avec Mithridate.

un flambeau, et la composition prend feu avec une sorte d'explosion. Veut-il montrer une Hécate enflammée et traversant les airs ? il commence par cacher un compère dans un endroit choisi et déclare à ses dupes qu'il va leur faire voir la déesse chevauchant en l'air. Seulement, il les avertit de fermer les yeux aussitôt qu'ils verront du feu apparaître et de rester prosternés la face contre terre jusqu'à ce qu'il leur dise de se relever. Alors, dans la nuit noire, il récite ces vers : " Infernale, terrestre et céleste Bombo, viens, guide des rues, des carrefours, lumière vagabonde des nuits, qui aimes les aboiements des chiens et la pourpre du sang, qui marches à travers les cadavres et les sépulcres des morts, altérée de sang, jetant l'effroi parmi les mortels ; toi, Gorgo, Mouno, Lune, être multiforme, viens, d'humeur propice, goûter nos libations. " Le chant fini, on voit un feu voltiger en l'air. Les assistants effrayés du prodige se cachent les yeux et se prosternent sans mot dire. C'est le moment de faire jouer le grand ressort. Le compère qui est caché, comme je l'ai dit, entendant les derniers mots de l'incantation, met le feu à un milan ou un épervier couvert d'étoupes et le lâche. Celui-ci, épouvanté par la flamme, monte en l'air et vole le plus vite qu'il peut, et les imbéciles qui croient voir un miracle vont se cacher. L'oiseau, entouré de feu, le porte partout avec lui et le résultat est souvent l'incendie d'une maison ou d'une étable[193]. »

L'hydromancie et autres méthodes analogues[194] se prêtaient indifféremment aux évocations des morts ou à celles des génies, des héros, des dieux, tous êtres surnaturels dont la magie néoplatonicienne troublait souvent le repos.

Il est inutile, par conséquent, d'ouvrir un chapitre à part pour les théophanies ou apparitions d'êtres divins, car nous nous trouverions en présence des théories et des procédés qui servent à la nécromancie. Les évhéméristes, qui regardaient les dieux comme des morts divinisés, supprimaient même toute différence entre ces deux ordres de phénomènes surnaturels. On ne conçut d'abord les apparitions divines que comme spontanées, ou tout au plus appelées par la prière. Généralement, les dieux et, surtout les héros, apparaissaient pour demander des honneurs nouveaux, un culte spécial, ou pour donner des avertissements utiles, ou pour protéger à l'heure du péril, rarement pour épouvanter ou pour me-

---

[193] Hippol., *Ref. haeres.*, IV, 4, 8 (*Philosophumena*, ed. Cruice).

[194] Il est impossible de s'arrêter devant toutes les superstitions qui pullulent sur le terrain de la magie. La *catoptromancie* magique diffère à peine de la lécanomancie. On prenait un miroir, et un enfant y voyait l'image de l'avenir, non avec ses yeux, qui étaient bandés, mais avec le sommet de la tête préalablement «enchanté. » C'est de cette façon que Didius Julianus apprit sa chute prochaine et l'avènement de Sévère (Spartian., *Did. Jul.*, 7). On imagina aussi de faire parler des têtes de morts (Phleg. Thall. *Mirab.*, III, 50) des statues de dieux, de héros, etc. Tout cela dérive logiquement de l'idée première, à savoir que les esprits révélateurs peuvent être attirés et fixés, par le pouvoir des formules, dans des instruments matériels.

nacer[195]. Encore prenaient-ils d'ordinaire le parti de se montrer en songe. La théurgie néoplatonicienne opéra des évocations divines ou héroïques par la force des recettes magiques, absolument comme on contraignait les morts à satisfaire la curiosité des consultants. On disait cependant que cette manière peu respectueuse d'entrer en relation avec les dieux n'était pas nouvelle, et que les plus pieux des mortels, Numa et Pythagore, en avaient jadis usé[196].

Toutes ces rêveries et pratiques mystérieuses sont en-dehors du champ lumineux où l'imagination grecque aimait à se mouvoir, avant d'être subjuguée et comme enivrée par les superstitions orientales[197]. Il est temps enfin d'échapper à

---

[195] Voy. les apparitions divines à Marathon et à Salamine (Herod., VI, 117; Pausan., VIII, 10, 4), celle de Poséidon, dans une bataille entre Mantinéens et Spartiates (Pausan., *Ibid.*), d'Héraklès à Leuctres (Xenoph., *Hellen.*, VI, 4, 7), des Dioscures à Stenyclaros, dans les guerres de Messénie (Pausan., VI, 25, 3). Apollon, assisté de quatre anciens héros, défend lui-même son temple de Deiphes contre les Gaulois (Justin., XXIV, 8. Pausan., I, 4, 4; X, 23, 2). Démêter tue elle-même Pyrrhus à Argos (Pausan., VI, 25, 3), etc. Un certain nombre de ces théophanies sont du ressort de la divination. C'est ainsi que Pan envoie un message aux Athéniens par le héraut (Herod., VI, 105. Pausan., VIII, 5, 5), et que Jupiter envoie à deux reprises des courriers munis de ses instructions à Sylla (Augustin, *Civ. Dei.*, II, 24. Le relevé de tous les faits de ce genre serait interminable. Sur les *théophanies*, voy. une série de mémoires de l'abbé Foucher, dont le cinquième (1766) sur les Théophanies païennes. (*Mém. de l'Acad. des Inscr.*, XXXVI, p. 29 qq.)

[196] Augustin, *Civ. Dei.*, VII, 35.

[197] On voit, en Grèce, la croyance aux apparitions miraculeuses reculer peu à peu devant les progrès de la raison et reprendre ensuite tout le terrain que celle-ci, accablée par l'invasion du mysticisme oriental, lui cède presque sans combat. Homère était déjà un esprit à demi émancipé. Il croit les théophanies fréquentes dans l'âge héroïque dont il est le chantre, mais rares ou plutôt impossibles de son temps. On petit même constater que, de l'*Iliade* à l'*Odyssée*, le commerce entre les dieux et les héros devient moins fréquent et moins matériel, Athéné apparaît à Ulysse, mais sans se laisser voir de Télémaque, car, dit le poète, «les dieux n'apparaissent pas visibles à tout le monde.» (Hom., *Odyss.*, XVI, 161. Cf. Naegelsbach, *Hom. Theolog.*, p. 153 sqq.). Dans l'âge classique, les apparitions sont laissées à la légende et au théâtre qui l'exploite. Hérodote ne garantit aucune de celles qu'il insère çà et là dans son histoire. La foi aux théophanies reprend avec la décadence et devient une obsession fastidieuse, stimulée qu'elle est à la fois par le patriotisme local, par l'émulation que développe la rivalité des religions, et protégée contre l'esprit scientifique par une ignorance de jour en jour plus complète. Chaque ville se vante d'avoir été visitée, conseillée, défendue par ses dieux et ses héros; l'imagination, encouragée par la crédulité, forge ainsi, à peu de frais, des documents pour les panégyriques et des arguments pour les polémistes. C'est ainsi que les apôtres Paul et Barnabé sont pris pour Zeus et Hermès par les gens de Lystra (*Act. Apost.*, XIV, 11). Il faut lire, dans l'*Histoire romaine* de Dion Cassius, l'incroyable équipée de ce «génie qui se disait Alexandre de Macédoine,» et qui, après avoir mené grand tapage avec son escorte de quatre cents fanatiques à travers la Mésie et la Thrace, partout hébergé par les autorités civiles et militaires, rentra sous terre, une certaine nuit, près de Chalcédoine. Cela se passait sous le règne d'Héliogabale, et l'historien, sans être sûr que ce génie fût bien Alexandre, n'a pas l'air de soupçonner que ce devait être un imposteur en chair et en os.

cette fantasmagorie et de nous replacer sur le terrain du merveilleux raisonnable que le génie hellénique, tant qu'il a été maître de lui-même, a refoulé et contenu dans les profondeurs de la conscience. L'inspiration intérieure, la lumière invisible aux yeux du corps, que l'intelligence divine projette spontanément dans l'âme humaine et qui se traduit au-dehors par le langage, voilà l'agent surnaturel de la révélation telle que la dispensaient les oracles apolliniens, de la divination intuitive, conçue sous sa forme à la fois la plus solennelle et la plus simple.

# Table des matières